Sören Asmussen
Naturwissenschaftliche Bildung in der KiTa

Sören Asmussen

Naturwissenschaftliche Bildung in der KiTa

Der Autor
Dr. Sören Asmussen ist Professor für Frühe Bildung und Management in der Sozialen Arbeit an der IUBH Internationale Hochschule GmbH in Hamburg.

Das Projekt „Versuch macht klug" wird gefördert durch das Ministerium für Soziales, Gesundheit, Jugend, Familie und Senioren des Landes Schleswig-Holstein.

Schleswig-Holstein
Ministerium für Soziales,
Gesundheit, Jugend, Familie
und Senioren

https://www.schleswig-holstein.de/DE/Landesregierung/VIII/viii_node.html

Dieses Buch ist erhältlich als:
ISBN 978-3-7799-6120-8 Print
ISBN 978-3-7799-5420-0 E-Book (PDF)

1. Auflage 2020

Herstellung: Ulrike Poppel
Satz: text plus form, Dresden
Druck und Bindung: Beltz Grafische Betriebe, Bad Langensalza
Printed in Germany

Weitere Informationen zu unseren Autor_innen und Titeln finden Sie unter: www.beltz.de

Inhalt

Einleitung

Betrachtet man den Diskurs zu Fragen der naturwissenschaftlichen Grundbildung in der Kindertagesstätte, so können in systematisierender Absicht zwei unterschiedliche Thematisierungsweisen unterschieden werden:

- *Empirische Studien:* Im Fokus steht hier ein erfahrungswissenschaftlicher Zugang zum Feld, der gerade in den letzten zehn Jahren deutlich an Bedeutung gewonnen hat. Dabei fällt eine enorme thematische Breite der Arbeiten und, damit einhergehend, eine Verinselung der Studien ins Auge. Untersucht wurden zum Beispiel die pädagogische Qualität didaktischer Materialien (Lankes, Steffensky, Carstensen 2011), die Haltung der Fachkräfte gegenüber Fragen der naturwissenschaftlichen Bildung (Zimmermann 2011) oder auch die Wirksamkeit unterschiedlicher naturwissenschaftlicher Lehr-Lern-Settings in der Kindertagesstätte (Windt 2011).
- *Konzeptionelle Arbeiten:* Im Zentrum dieser Arbeiten steht die Frage, wie naturwissenschaftliche Bildungsangebote konzeptualisiert werden können. Auch hier ist Heterogenität das feldbestimmende Merkmal. Exemplarisch sei hier auf die Arbeiten von Lück (Lück 2009) und Leuchter (2017) verwiesen. Beide legen einschlägige Lehrbücher zum Feld der naturwissenschaftlichen Grundbildung in der Kindertagesstätte vor. Lück wählt in diesem Zusammenhang einen entwicklungspsychologischen und chemiedidaktischen Zugang. Die konzeptionell-praktischen Überlegungen sind stark schulpädagogisch inspiriert (ebd. 2009). Leuchter argumentiert dagegen kognitionspsychologisch und stellt sowohl in ihrer theoretischen Analyse als auch in deren praktischer Umsetzung die Idee des *Conceptual Change* (Nadelson et al. 2018) in den Mittelpunkt (Leuchter 2017).

Die hier vorliegende Arbeit ist dem letztgenannten Arbeitsschwerpunkt zuzuordnen. Im Fokus der Arbeit stehen die Herleitung, Beschreibung und der Praxistransfer zu einem Konzept naturwissenschaftlicher Bildung – dem Ansatz einer ENB[1]. Damit wird auf ein didaktisch anspruchsvolles Konzept früher naturwissenschaftlicher Bildung verwiesen, welches auf drei Elementen basiert. In Abbildung 1 wird zunächst ein Überblick gegeben.

---

1 Die hier vorliegende Publikation basiert auf einer Monographie des Autors aus dem Jahr 2013, in dessen Rahmen das Konzept einer ENB erstmals systematisch beschrieben wurde. Die hier vorliegenden Analysen greifen diese Überlegungen auf und entwickeln sie weiter.

Abbildung 1: Elemente des Ansatzes einer ENB (nach Asmussen 2013, S. 35 f.)

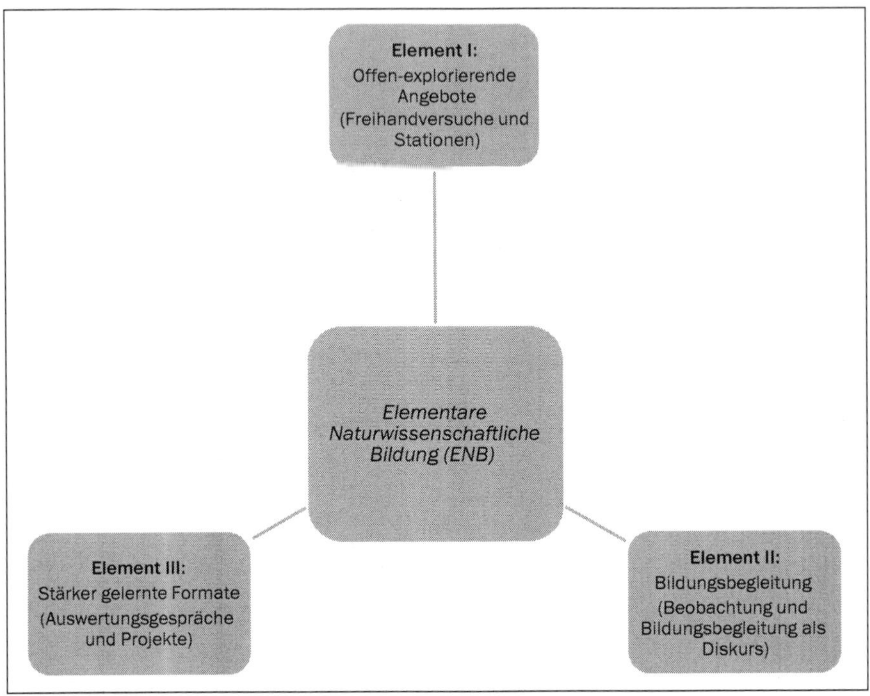

Ziel des didaktischen Vorgehens ist es, unterschiedliche didaktische Spielarten gezielt miteinander zu verknüpfen, um so eine möglichst hohe Wirksamkeit zu entfalten. Im Fokus des Elementes I stehen offen-explorierende Formate. Realisiert werden diese selbstgesteuerten Prozesse (Kraska, Teuscher 2013, S. 15) durch gezielt didaktisch aufbereitetes Material. Zu nennen sind hier zum einen die in der naturwissenschaftlichen Bildung in der Kindertagesstätte häufig zum Einsatz kommenden *Freihandversuche* (Zwiorek 2010, S. 178 f.; Schlichting 1996) und die aus der Tradition der interaktiven Science Center stammenden (Franz-Pittner, Grabner, Bachmann 2011) *interaktiven Versuchsstationen* (Holst 2005; Sauer 2005). In ihrer Auseinandersetzung mit diesem Material werden die Kinder von den pädagogischen Fachkräften begleitet. Diese Begleitung stellt das Element II des hier zu diskutierenden Ansatzes dar. Grundlage der *Bildungsbegleitung* ist dabei eine möglichst präzise Beobachtung der Kinder. In diesem Zusammenhang kommt das Verfahren der *Lerntiefe* (Barriault 2008; Öhding 2008) zum Einsatz. Darauf aufbauend können Unterstützungsangebote geleistet werden. Diese reichen vom Bereitstellen weiteren Materials bis hin zu kommunikativen Unterstützungsangeboten. Leitend ist in diesem Zusammenhang der Ansatz des *Sustained Shared Thinkings,* welcher das angeleitete Problemlösen der Kinder in den Mittelpunkt stellt (Siraj-Blatchford et al. 2002, S. 8). Element III vereint ergänzende Angebote, die sich durch einen höheren Grad der Strukturierung und Formalisierung auszeichnen. Zur Anwendung kommen zunächst *Auswertungsgespräche*, in denen Vorerfahrungen aus dem Experimentieren oder aus dem sonstigen pädagogischen Alltag der Kindertagesstätte aufgegriffen, systematisiert, weitergeführt und schließlich interpretiert werden. Ebenfalls in diesen Kontext gehören *projektorientierte Angebote*. Dabei handelt es sich um größere Aufgabenfelder, an denen die Kinder über einen längeren Zeitraum arbeiten (Fthenakis et al. 2012, S. 151–166; Kraska, Teuscher 2013, S. 77–83; Schneider, Oberländer 2012, S. 35f.). Der Arbeitsverlauf orientiert sich an der Methode des *Projektsandwiches* (Traub 2012, S. 104). Besonderes Kennzeichen ist weiterhin eine multidisziplinäre Herangehensweise im Rahmen der Projektarbeit. In diesem Zusammenhang werden Überlegungen aus dem multiperspektivischen Sachunterricht der Primarstufe übernommen (Gesellschaft für die Didaktik des Sachunterrichts (GDSU) 2012, S. 14).

Die Überlegungen zu dem gerade skizzierten Ansatz einer ENB werden im Kontext des hier vorliegenden Buches in drei größeren Textteilen entwickelt. Im Zusammenhang eines ersten längeren Abschnittes wird der Forschungsbestand zu Fragen früher naturwissenschaftlicher Bildung in der Kindertagesstätte analysiert. In diesem Zusammenhang werden elementarpädagogische, psychologische und naturwissenschaftsdidaktische Befunde kompiliert und auf dieser Basis ein Anforderungskatalog an frühe naturwissenschaftliche Lehr-Lern-Settings entworfen (vgl. Abschnitt 1). Auf dessen Basis wird im Kontext des zweiten längeren Textabschnittes der Ansatz einer ENB im Detail beschrieben. Basis dafür sind die in diesem Abschnitt benannten Elemente I bis III (vgl. Abschnitt 2). Ein dritter und letzter Textabschnitt untersucht den Transfer des hier verhandelten Ansatzes in pädagogische Einrichtungen. Dabei werden drei Ebenen adressiert:

1. Fortbildung der pädagogischen Fachkräfte
2. Organisationale Implementation
3. Qualitätssicherung und -entwicklung

Während die erste Ebene bereits Gegenstand unterschiedlicher Analysen war (zum Beispiel: Windt 2011), stellt der systematische Einbezug von organisations- und qualitätsbezogenen Fragestellungen vor dem Hintergrund von Angeboten naturwissenschaftlicher Bildung in der Kindertagesstätte ein Novum dar. Ziel ist es, durch ein solches Vorgehen Möglichkeiten einer systematischen organisationalen Verankerung des Ansatzes einer ENB aufzuzeigen. Dazu wird interdisziplinär vorgegangen. Schwerpunktmäßig bezieht sich die Argumentation hier auf Überlegungen aus dem Kontext der Organisationssoziologie, der Arbeits-, Betriebs- und Organisationspsychologie sowie der Betriebswirtschaftslehre (vgl. Abschnitt 3).

Kapitel 1
Naturwissenschaftliche Bildung in der Kindertagesstätte

Der Forschungsbestand zu Fragen naturwissenschaftlicher Bildung in Kindertagesstätten ist Gegenstand komplexer, heterogener und verinselter Einzeldiskurse. Ziel dieses einleitenden Kapitels ist es, auf der Basis der relevanten Diskurse einen Bezugsrahmen zu erarbeiten, innerhalb dessen die folgenden Analyseschritte der konzeptionellen Explizierung des Ansatzes der ENB verortet werden können.

Dies ist im vorliegenden Fall ein durchaus komplexes Unterfangen, da unterschiedliche Diskurse im Sinne eines interdisziplinären Arbeitens (Bergmann, Schramm 2008, S. 21) herangezogen werden müssen. Dies sind:

1. Naturwissenschaftsdidaktische Grundlagen der Primar- und Sekundarstufe I
2. Grundlagen zum Bildungsauftrag der Kindertagesstätte
3. Eigenständige konzeptionelle und empirische Befunde zur naturwissenschaftlichen Bildung in der Kindertagesstätte

1.1 Ausgewählte Fragestellungen der Naturwissenschaftsdidaktik

Gegenstand des folgenden Kapitels sind ausgewählte naturwissenschaftsdidaktische Fragestellungen der Primar- und Sekundarstufe I. In diesem Kontext wird zunächst darauf eingegangen, warum naturwissenschaftliche Bildung für Kinder relevant ist und welche Ziele mit ihr verfolgt werden (vgl. Abschnitt 1.1.1). Es folgt ein Abschnitt zu einer der zentralen Erkenntnismethoden der Naturwissenschaften – dem Experiment (vgl. Abschnitt 1.1.2). Abschließend werden Fragen der Aufbereitung experimenteller Erfahrungen diskutiert (vgl. Abschnitt 1.1.3).

1.1.1 Begründungszusammenhänge und Ziele

Im Fokus dieses Abschnittes stehen die beiden Fragen, wie naturwissenschaftliche Bildung begründet werden kann und welche Ziele durch sie erreicht werden sollen. Beides wird im Kontext der internationalen Literatur üblicherweise zusammenhängend unter dem Schlagwort der *Scientific Literacy* diskutiert (Mikelskis 2010, S. 11–18).

Das Konzept der Scientific Literacy wurde in den fünfziger Jahren des vergangenen Jahrhunderts entwickelt (DeBoer 2000, S. 583). In Abgrenzung zum Begriff Science Literacy, in welchem der Fokus auf die thematisierten Wissenschaften gelegt wird, liegt das Hauptaugenmerk des Konzeptes der Scientific Literacy in den Bezügen dieser Wissenschaften zu gesellschaftlichen Fragen (Roberts, Bybee 2014, S. 545f.). Im Fokus steht nicht der Kanon naturwissenschaftlichen Wissens in den Disziplinen (Holbrook, Rannikmae 2009, S. 278), sondern der Beitrag der naturwissenschaftlichen Disziplinen zur Bewältigung des Alltages, welcher in modernen Industriegesellschaften wiederum stark durch Naturwissenschaften und Technik geprägt wird (Schiepe-Tiska et al. 2013, S. 46–48). Scientific Literacy wird dabei als Kontinuum beschrieben (Bybee 1997, S. 84f.). Im Fokus steht der Aufbau einer spezifischen Problemlösungskompetenz beim Individuum in Bezug auf naturwissenschaftlich geprägte Alltagssituationen. Nach Bybee können dabei die in Tabelle 1 dargelegten Stufen einer Scientific Literacy unterschieden werden.

Tabelle 1: Stufen der Scientific Literacy (ebd. 2002, S. 31)

Stufe	Bezeichnung	Merkmale
Stufe I	*Nominale Scientific Literacy*	Das Individuum ... • erkennt naturwissenschaftliche Fragen, • hat unzureichende Vorstellungen von naturwissenschaftlichen Methoden und Konzepten und • entwickelt nur unzureichende Phänomen-Erklärungen.
Stufe II	*Funktionale Scientific Literacy*	Das Individuum ... • verwendet naturwissenschaftliche Begriffe korrekt, • lernt naturwissenschaftliches Wissen technisch auswendig und • kann naturwissenschaftliche Konzepte korrekt definieren.
Stufe III	*Konzeptionelle und Prozedurale Scientific Literacy*	Das Individuum ... • versteht Konzepte der Naturwissenschaften, • versteht Methoden der Naturwissenschaften und • erstellt und versteht Bezüge zwischen einzelnen Teilen der Naturwissenschaften
Stufe IV	*Multidimensionale Scientific Literacy*	Das Individuum ... • kennt die Spezifika der Naturwissenschaften, • kann die Naturwissenschaften von anderen Wissenschaften anhand von Merkmalen unterscheiden, • kennt die Geschichte der Naturwissenschaften und • versteht Naturwissenschaften in einem gesellschaftlichen Kontext

Scientific Literacy ist damit eng mit der Idee der Bewältigung verknüpft. Je besser, das heißt fachlich reicher, eine solche produktive Auseinandersetzung mit naturwissenschaftlich oder technisch geprägten Lebenssituationen gelingt, desto höher ist die erreichte Stufe der Scientific Literacy. Zur Verdeutlichung dieses Verständnisses sei auf das Rahmenmodell der Scientific Literacy von PISA 2012 verwiesen (siehe Abbildung 2).

Abbildung 2: Das Rahmenmodell naturwissenschaftlicher Bildung in PISA 2012 (nach Schiepe-Tiska 2013, S. 193)

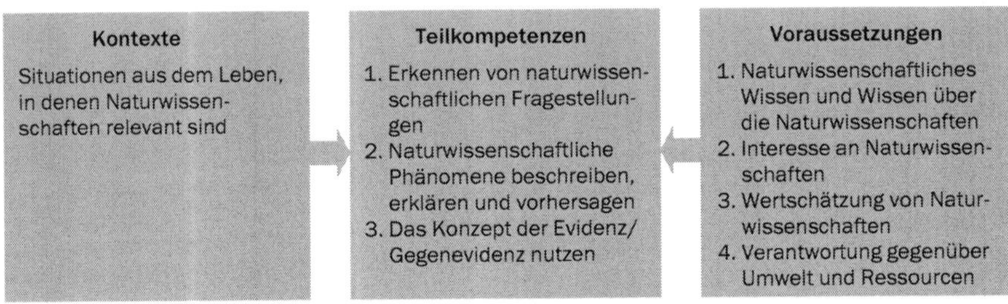

Im Fokus stehen damit Lebenssituationen, die durch drei Teilkompetenzen bearbeitet werden. Dem zu Grunde liegen zwei unterschiedliche Arten von Wissen und drei motivationale Aspekte. Naturwissenschaftliche Bildung wird damit nicht von der Fachsystematik, sondern von der Seite der Bürgerin/des Bürgers gedacht, die/der in einer durch Naturwissenschaften und Technik geprägten Welt lebt. In den Worten Bybees:

> „Designing science curricula begin not by outlining the content associated with the structure of the discipline but by asking what the student ought to know, value, and do as a citizen." (ebd. 1997, S. 73)

Ein solches Verständnis naturwissenschaftlicher Bildung stellt die Basis für die Vergleiche im Rahmen der internationalen Schulvergleichsstudien, wesentlich *PISA, IGLU* und *TIMMS,* dar. Es handelt sich um einen pragmatischen Kompromiss, der – abgesehen von den dargestellten basalen Grundzügen – teilweise auch recht heterogen ausgelegt wird (Liu 2009, S. 302–304). Zentraler Vorteil eines solchen Verständnisses ist dessen konsequente Orientierung an der Lebenswelt der Subjekte, deren Verstehens- und Gestaltungsmöglichkeiten zum leitenden Prinzip erhoben werden.

Dennoch hat dieses Verständnis naturwissenschaftlicher Bildung auch eine ganze Reihe von kritischen Einwänden evoziert[2]. In systematisierender Absicht können dabei die drei folgenden Überlegungen unterschieden werden:

2 Hier wird nur die Kritik am Konzept der Scientific Literacy vorgestellt. Bezüglich der grundsätzlichen Kritik an den internationalen Schulvergleichsstudien sei hier auf Seel und Hancke (2015, S. 136–144) verwiesen.

1. Kompetenzorientierung und *Employability*
2. *Methoden und Prinzipien* vor Inhalten
3. *Critical Scientific Literacy*

Ad 1: Aus der Sicht der Erziehungswissenschaft wird dem hier vorliegenden Konzept einer naturwissenschaftlichen Grundbildung zweierlei vorgeworfen. Zum einen stelle ein solches am Kompetenzbegriff orientiertes Verständnis eine Theorie dar, welche sich an der Idee des Problemlösens orientiere, dem Begriff der Bildung, verstanden als unabschließbarer Prozess der Personwerdung, dagegen nicht gerecht werde (Thome 2015, S. 19f.).[3]

Ad 2: Weiterhin wird das Konzept von einer Reihe von Autorinnen und Autoren als überambitioniert charakterisiert. Verwiesen sei hier insbesondere auf die Überlegungen von Shamos (2002) und Hodson (2008). Exemplarisch sei hier auf die radikalere Kritik von Shamos verwiesen. Er hält das Konzept der Scientific Literacy für einen *Mythos* – insofern als dass die fachlichen Ansprüche in der praktischen Bildungsarbeit nicht einlösbar seien. Als Alternative verweist er auf die Prozesse und Prinzipien der Naturwissenschaften. Ziel ist es, auf dieser Basis zu einem Verständnis von Naturwissenschaften zu gelangen (ebd. 2002, S. 45–47).

Ad 3: Roth und Barton erweitern das vorliegende Konzept der Scientific Literacy in zwei wesentlichen Punkten. Zunächst betonen sie dessen emanzipatorische Bedeutung. In ihren Worten:

> „Rather then getting science-related stuff into the heads of the children, we want them to expand their agency, the room that they have to maneuver, and the possibilities for acting and thereby changing their life conditions." (ebd. 2004, S. 17)

Weiterhin weisen sie auf einen Schwachpunkt innerhalb der Diskussion über das Konzept der Scientific Literacy. Ziel kann nicht die Entwicklung einer positiven Einstellung gegenüber den Naturwissenschaften sein (Bybee, McCrae, Laurie 2009, S. 866). Vielmehr müsse die *Dialektik moderner Naturwissenschaften* im gesellschaftlichen Bezug verdeutlicht werden. So haben Naturwissenschaften in vielen Bereichen zu einer nichtnachhaltigen Entwicklung (Rieckmann 2016, S. 12–19) beigetragen. Verwiesen sei hier beispielsweise auf den anthro-

---

3 Dieser Aspekt der Funktionalisierung wird interessanterweise in älteren PISA-Publikationen noch stärker hervorgehoben (Rost et al. 2004, S. 21–35) als in den neueren, hier genannten, in denen dieser Zusammenhang nur noch implizit auftaucht. So wird hier der Zusammenhang von volkswirtschaftlicher Wohlfahrt und PISA-Ergebnissen (Wößmann 2009, S. 23) und auch das Konzept der *Employability* (McQuaid, Lindsay 2005, S. 199f.) nicht mehr explizit erwähnt.

pogenen Klimawandel. Naturwissenschaften haben einen gewichtigen Anteil an der Entwicklung von Motoren oder an der Perfektionierung der Viehhaltungsmethoden. Gleichzeitig sind sie allerdings Teil des Lösungssystems. Diese Dialektik gilt es Lernenden im Feld der Naturwissenschaften deutlich zu machen (Roth, Barton 2004, S. 1–6).

Die hier geäußerte Kritik stellt die Überlegungen einer Scientific Literacy nicht grundsätzlich in Frage. Vielmehr können diese unter dem Gliederungspunkt drei genannten Einwände als Erweiterung des Konzeptes der Scientific Literacy gedacht werden. Sofern weiterhin von Partizipation und damit einer Erweiterung von Handlungsspielräumen sowie einer kritischen Reflexion des Zusammenhanges von Gesellschaft und Naturwissenschaften gesprochen wird, kann der Vorwurf einer Entwertung durch Verwertung im Rahmen des Kompetenzbegriffes zumindest deutlich abgeschwächt werden. Kompetenzen in diesem Sinne werden zu einer vermittelnden Größe zwischen Subjekt und Umwelt (Frank 2013, S. 3–5). Bleiben noch die kritischen Überlegungen des Gliederungspunktes zwei. Hier muss eingewendet werden, dass Inhalt und Methode im Kontext unterrichtlichen Handelns immer verknüpft sind. So wichtig der Hinweis einer möglichen inhaltlichen Überfrachtung auch ist, lässt er sich kaum durch eine alleinige Fokussierung auf Methoden lösen.

1.1.2 Das Durchführen von Experimenten

In der naturwissenschaftsdidaktischen Literatur des Elementarbereiches wird das Experiment in der Regel als *beliebige Gestaltungsgröße* didaktischer Planungen in naturwissenschaftlichen Bildungsangeboten dargestellt. Die Kinder sollen in diesem Zusammenhang *Erfahrungen sammeln* (Alemzadeh, Rosenfelder 2009, S. 15f.), *Forscher sein* (Pareigis 2011, S. 16–20), eine *Idee überprüfen* (Kauertz 2012, S. 100) oder auch Experimentieranleitungen *Schritt für Schritt* abarbeiten (Lück 2005, S. 25–33). Aus dieser Thematisierungsweise entsteht der Eindruck einer relativ beliebigen Gestaltungsgröße (Murmann, Krummbacher 2007, S. 293). Etwas überspitzt ließe sich hier Anlehnung an Hacking ein „(…) völlig verständnisloses Herumbosseln an der Natur (…)" konstatieren (ebd. 1996, S. 256).

Eine solche Sichtweise ist in der Didaktik der Naturwissenschaften breit thematisiert und kritisiert worden. Prominent ist hier wesentlich eine Argumentationsperspektive, die sich unter dem Schlagwort *Nature of Science (NOS)* (McComas, Clough, Almazroa 2002) zusammenfassen lässt. Dabei kann folgende Definition herangezogen werden:

> „Typically, NOS refers to the epistemology and sociology of science, science as a way of knowing, or the values and beliefs inherent to scientific knowledge and its development." (Ledermann et al. 2002, S. 499)

Aus der Perspektive von Nature of Science rücken damit gerade die Methoden der Naturwissenschaften in den Mittelpunkt des Interesses (Kunz 2016, S. 200–205). Hiervon ausgehend ist es sinnvoll einen Einblick in die Methodologie des Experimentes zu unternehmen.

Ein Experiment stellt zunächst einen *Eingriff* in die Natur dar. Die zentrale Idee besteht dabei darin, dass dieser Eingriff im Rahmen einer bestimmten Prozedur zu erfolgen habe und dass die Konsequenzen dieses Eingriffes wahrzunehmen sind. Diese Figur des Eingriffes stellt die wesentliche Unterscheidung zu einem rein beobachtenden Zugang dar (Carnap 1986, S. 49). Der Prozess des Experimentierens kann vor allem durch die folgenden drei Aspekte konkretisiert werden:

1. *Variablenauswahl:* Ein Experiment stellt immer eine Reduktion, einen begrenzten Wirklichkeitsausschnitt, dar. Daher gilt es in einem ersten Schritt die Untersuchungsvariablen zu bestimmen. Unter einer Variablen soll hier ein änderbarer Parameter verstanden werden. Die Änderung kann dabei qualitativ oder quantitativ erfolgen beziehungsweise ermittelt werden.
2. *Bestimmung der abhängigen und unabhängigen Variablen:* Nun gilt es die als relevant erscheinenden Variablen in unabhängige und abhängige Variablen einzuteilen. Dies sei anhand eines Beispiels erläutert. Gegeben seien zwei *mathematische Pendel,* die nebeneinander hängen. Ziel ist es, beide Pendel In-Phase-Schwingen zu lassen, was bedeutet, dass beide Pendel in jedem beliebigen Punkt des Kreisausschnittes, den sie beschreiben, sich auf einer Ebene befinden. Dazu können drei Parameter verändert werden. Die Masse der Pendelkörper (m) durch unterschiedlich viele Gewichtsscheiben, die Fadenlänge der Pendel (l) und die Auslenkung der Pendelkörper (a) durch unterschiedliche ‚Loslasspunkte'. Diese Überlegungen werden in Abbildung 3 konkretisiert.

Abbildung 3: Das *Vario-Pendel* (nach dem Exponat im Science Center Phänomenta e. V., Flensburg)

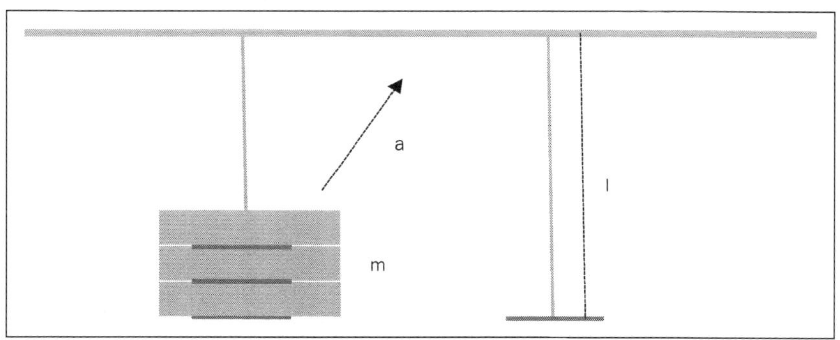

Es gilt nun herauszufinden, welche(r) der drei Parameter Einfluss auf das In-Phase-Schwingen der beiden Pendel haben/hat. Wir setzten das In-Phase-Schwingen als abhängige Variablen, die übrigen drei (m, l, a) als unabhängige Variablen. Es gilt nun unter Konstanthaltung von zwei unabhängigen Variablen den Einfluss der übrig gebliebenen dritten unabhängigen Variablen auf die abhängige Variable zu ermitteln[4]. Nach diesem Muster wird mit allen drei unabhängigen Variablen verfahren, um eine Variablenkonfundierung, das heißt eine Durchmischung von Variablen auszuschließen. Eine Verallgemeinerung dieses Vorgehens wird nochmals in Abbildung 4 beschrieben.

Abbildung 4: Variablenmanipulation im Experiment (nach Asmussen 2013, S. 45)

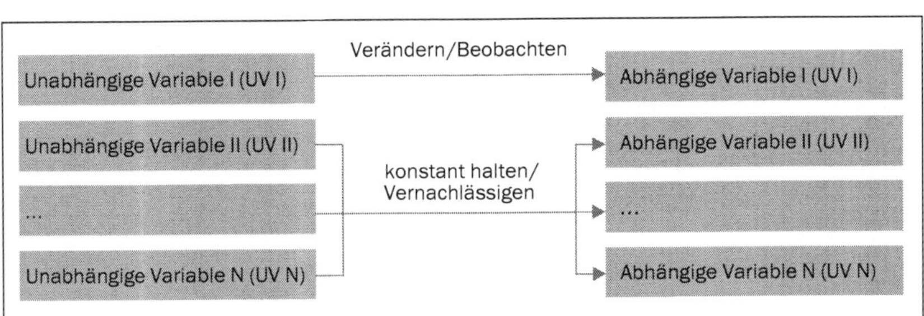

3. *Experimentelle Gestaltung:* Das experimentelle Setting ist so zu wählen, dass der relevante Phänomenbereich zuverlässig, das heißt reproduzierbar hervorgerufen werden kann. Mögliche Störeinflüsse gilt es zu kontrollieren. Dies könnte in unserem Beispiel bedeuten, ein freies Schwingen der Pendelkörper zu ermöglichen und starken Luftzug zu vermeiden. (Schulz, Wirtz, Staruschek 2012; Abruscato, DeRosa 2010, S. 51 f.)

Von diesem Basisverständnis des Experimentes ausgehend, gibt es eine ganze Reihe von Kontroversen. Hacking spricht in diesem Zusammenhang gar von „Schlachtfeldern“ (1996, S. 19). Exemplarisch soll hier eine dieser Kontroversen herausgegriffen werden. Im Fokus steht dabei die Rolle des Experimentes im Forschungsprozess. Hier können im Rahmen der Wissenschaftstheorie zwei klassische Positionen unterschieden werden, die des *Empirismus* und die des *Kritischen Rationalismus* (Wiltsche 2013, S. 54–96).

4 Dabei muss betont werden, dass Beobachten kein Vorgang des Abbildens ist, sondern vielmehr ein Prozess der Sinnkonstruktion, welcher massiv abhängig ist von einer ganzen Reihe von Prämissen, welche Fleck als „Denkstil“ bezeichnet (ebd. 1980, S. 110–122).

Im Empirismus wird davon ausgegangen, dass jede Theorieaussage sich auf eine Beobachtungsaussage reduzieren lässt. Theorieaussagen werden im Rahmen von Induktionsschlüssen aus Beobachtungen generiert und verifiziert (Carnap 1983; S. 88, 92). Diese Position wurde in der Neuzeit insbesondere vom *Wiener Kreis* vertreten (Geier 1992, S. 106–115). Im Kritischen Rationalismus wird das Verhältnis von Theorie und Empirie neu bestimmt:

> „Der Experimentator wird durch den Theoretiker vor ganz bestimmte Fragen gestellt und sucht durch seine Experimente für diese Fragen und nur für sie eine Entscheidung zu erzwingen; alle anderen Fragen müht er sich dabei auszuschalten." (Popper 1969, S. 72)

Im Fokus steht dabei nicht die Verifikation von Theorien, sondern die Idee von deren möglichst harter Prüfung mit dem Ziel, diese zu widerlegen – also zu falsifizieren (ebd. 1969, S. 8).

Eine neuere Sichtweise innerhalb der Wissenschaftstheorie stellt die *Duhem-Quine-These* dar. Im Fokus steht dabei nicht mehr die Einzelhypothese, sondern das System der Theorie als Ganzes. Ein Testen von Hypothesen, sei es nun Verifikation oder Falsifikation, erscheint nicht mehr als zielführend, da das Ergebnis dieser Prozesse wesentlich abhängig von den im Hintergrund liegenden Erkenntnissen ist. Eine solche Annahme hat weitreichende Konsequenzen für den Umgang mit empirischen Belegen (Evidenz) und sich widersprechenden Daten (Gegenevidenz). Evidenz und Gegenevidenz sind in dieser Sichtweise keine zwingenden Entitäten mehr, sondern werden interpretierbar vor dem Hintergrund des gesamten Theoriekorpus. Konkret: Gegenevidenz muss nicht zu einem Verwerfen der Theorie führen, sondern kann lediglich eine Modifikation innerhalb des Systems der Theorie nach sich ziehen (Kosler 2017).

Es ist daher auf der Basis der gezeigten Befunde nicht beliebig, wie Experimente in das Bildungsgeschehen eingebunden werden. Vielmehr gilt es das Experiment als systematische Arbeitsform der Naturwissenschaften angemessen darzustellen und zu thematisieren. Die didaktischen Konsequenzen gehen hier unterschiedlich weit. Exemplarisch seien hier auf die folgenden Thematisierungsweisen beschrieben:

1. Begriffliche Unterscheidungen
2. *Nature of Science*
3. *Science as an Inquiery*

Ad 1: Um Charakteristika und unterschiedliche Bedeutungen von Experimenten in Bildungsprozessen zu verdeutlichen, hat es sich im deutschsprachigen Diskurs etabliert, eine Reihe von begrifflichen Unterscheidungen zu treffen. In Tabelle 2 wird ein Überblick gegeben.

Tabelle 2: Begriffliche Unterscheidungen zu experimentellen Tätigkeiten in Experimenten (nach Hartinger et al. 2013, S. 4–7)

Bezeichnung	Inhalt
Experiment	Im Fokus steht eine Hypothese beziehungsweise Fragestellung, die von den Lernenden selbstständig bearbeitet wird.
Versuch	Hier steht nicht die Frage im Vordergrund. Die Lernenden werden vielmehr aufgefordert, eine bestimmte Schrittfolge zu durchlaufen.
Explorieren	Zentrales Moment ist hier der selbstgesteuerte Umgang mit zur Verfügung gestellten Materialien.
Laborieren	Laborieren beginnt mit einer Fragestellung. Die Art und Weise der Bearbeitung ist dagegen durch eine spezifische Schrittfolge der Bearbeitung didaktisch arrangiert.

Im Rahmen der Aufstellung aus Tabelle 2 werden allerdings zentrale Unterscheidungsformen des Experimentes außer Acht gelassen. In Anlehnung an Wiesner, Schecker und Hopf gilt es weiterhin die folgenden drei Unterscheidungsdimensionen zu beachten (ebd. 2013, S. 109):

Materialeinsatz

Bezüglich des Materialeinsatzes kann zwischen Labormaterialien und Versuchen mit einfachsten Mitteln, teilweise auch *Freihandversuche* genannt, unterschieden werden. Freihandversuche werden zumeist ohne Labormaterialien auf der Basis von Alltagsgegenständen durchgeführt. Dies macht deren Durchführung preisgünstig, sorgt für eine enge Verzahnung mit der Lebenswelt der Lernenden und reduziert den Vorbereitungsaufwand für die pädagogischen Fachkräfte auf ein Minimum. Freihandversuche werden zumeist qualitativ durchgeführt, da die Messmöglichkeiten durch das Alltagsmaterial sehr begrenzt sind (Zwiorek 2010, S. 178 f.; Schlichting 1996). Ein typisches Beispiel für einen Freihandversuch ist der Folgende: Ein Teller wird mit Wasser gefüllt. In das Wasser legt man nun ein brennendes Teelicht. Über dieses wird ein Glas gestülpt:

Abbildung 5: Freihandversuch *verlöschende Kerzenflamme* (Projekt *Versuch macht klug*)

Die Flamme des Teelichtes erlischt und der Wasserstand im Glas steigt sprunghaft an.

Eine weitere Variante der Freihandversuche sind die *minimalen Versuchsstationen*. Diese entstammen der Tradition der *interaktiven Science Center* (Franz-Pittner, Grabner, Bachmann 2011). Auch diese sollen ein naturwissenschaftliches Phänomen, also eine spezifische empirische Erscheinung, welche durch ein bewusstes Eingreifen in die Natur entsteht, hervorbringen (Wagenschein 1980, S. 243). Die Versuchsstationen sind dabei möglichst schlicht und transparent gestaltet, sodass das Phänomen klar und ohne unnötige Ablenkung hervortreten kann (Kiupel 1999, S. 2018; Schaper-Rinkel, Giesicke, Bieber 2002, S. 1). Fiesser war der erste, der die Versuchsstationen außerhalb von Science Centern, zunächst im Primarbereich (Holst 2005; Sauer 2005), dann aber auch im Elementarbereich eingesetzt hat. In beiden Institutionen stellte sich der Einsatz der Stationen als wirksam auf die naturwissenschaftliche Bildung der Kinder heraus (Schließmann 2005; Öhding 2008). Die Versuchsstationen bieten gegenüber den Freihandversuche eine Reihe von Vorteilen. Zu nennen sind hier insbesondere die Möglichkeit komplexere Phänomene erfahrbar werden zu lassen, die Bereitstellung umfassenderer sinnlicher Erfahrungen oder die Unterstützung sozialer Lernprozesse – beides bedingt durch die Größe der Stationen (Fiesser 1999, S. 1489).

Ein Beispiel für eine solche Station ist die folgende Apparatur. Ein etwa 70 Zentimeter langes Kunststoffrohr wird unten mit einer Blindmuffe verschlossen. Dann werden im Abstand von 10 Zentimetern zum Boden und im Abstand von 5 bis 10 Zentimetern zueinander in einer Linie 4 Löcher mit einem Durchmesser von drei Millimetern gebohrt. Das Rohr wird dann in eine Wanne gestellt und langsam mit Wasser gefüllt. Der grundsätzliche Aufbau ist dabei der Abbildung 6 zu entnehmen.

Abbildung 6: Versuchsstation *Wasserstrahlen*

Die Spritzweite der austretenden Strahlen unterscheidet sich in der Folge erheblich. Auch ist diese vom Wasserstand im Rohr abhängig. Zu den Versuchsstationen gibt es keine Versuchsanleitungen und sie stehen den Kindern frei zur Verfügung (ebd. 2011). Für die an den Stationen stattfindenden Prozesse liegen unterschiedliche lerntheoretische Begründungsmuster vor (Hamm 2015, S. 98–109). Besonders intensiv werden die Ansätze des *Interaktiven Lernens* und das *Contextual Modell of Learning* diskutiert. Im Fokus des erstgenannten Modells stehen zwei Arten der Interaktion, die zwischen Lernenden und der Station und die der Lernenden untereinander (Sommer 2010, S. 41–44). Im Zentrum des zweiten Modells stehen zwölf Faktoren, die für das Lernen zentral sind. Diese werden drei Dimensionen, dem persönlichen, dem soziokulturellen sowie dem sachlich-physischen Kontext zugeordnet (Falk, Storksdieck 2005, S. 747).

Aktivität der Lernenden

Hier kann zwischen Versuchen unterschieden werden, die vorgeführt werden, und solchen, die die Lernenden selber durchführen. In der Sprache der schulischen Didaktik spricht man hier auch von LehrerInnen- und SchülerInnen-Versuchen (Winkelmann, Erb 2012).

Art der Manipulation

Bezüglich der Art der Manipulation kann zwischen empirischen Experimenten und Gedankenexperimenten unterschieden werden. Bei den letztgenannten wird der Eingriff und das Studium der Konsequenzen gedanklich vorgenommen (Fröhlich 2004, S. 167–191; Engels 2004, S. 33–39). Gedankenexperimente eignen sich in der naturwissenschaftlichen Bildung insbesondere dazu, die Tragfähigkeit von Erklärungen zu erkunden.

Ad 2: Die Protagonistinnen und Protagonisten des bereits weiter oben eingeführten Konzeptes von *Nature of Science* gehen in ihren Vorstellungen am weitesten, indem sie die Methoden und Prinzipien der Naturwissenschaften zu einem, teilweise auch dem, zentralen Gegenstand von Bildungsprozessen erheben. Hierzu liegen eine Reihe praktische Unterrichtskonzeptionen für den Primarbereich vor (zum Beispiel: Hößle, Höttecke, Kircher 2004). Im Bereich der Sekundarstufe wird der Ansatz von Nature of Science oft über geschichtliche Beispiele thematisiert (zum Beispiel: Höttecke 2001).

Ad 3: Bei dem Zugang von *Science as an Inquiery* steht nicht mehr ausschließlich epistemologische Fragestellungen im Mittelpunkt. Vielmehr rückt der gesamte Erkenntnisprozess in den Fokus. Er beinhaltet eine ganze Reihe von Tätigkeiten:

- Prozessplanung
- Beobachten inkl. Daten sammeln

- Experimentieren
- Begriffliche Arbeit
- Recherchieren
- Modellieren
- Diskussion, Reflexion und Auswertung von Modellen
- Kritischer Umgang mit erzielten Ergebnissen (Abruscato, DeRosa 2010, S. 43 f.)

Zentral ist in diesem Zusammenhang insbesondere die Sequenzierung der einzelnen Schritte. Ein bekanntes Modell ist in diesem Zusammenhang von Marek und Cavallo mit dem *Learning Cycle* entwickelt worden. In dessen Rahmen wird ein Dreischritt aus *Exploration, Term Introduction* und *Concept Application* vorgeschlagen. Diesem Zirkel ordnen der Autor und die Autorin naturwissenschaftliche Basiserfahrungen zu, die der folgenden Aufzählung zu entnehmen sind:

- *Oberserving*
- *Measuring*
- *Interpreting*
- *Experimenting*
- *Model Building*
- *Predicting* (ebd. 1997, S. 77 – im Original als Grafik formatiert)

Neben diesen konzeptionellen Fragestellungen wurde das Experimentieren in Bildungsprozessen auch empirisch untersucht. Für den schulischen Kontext legen Rieß und Robin ein aktuelles Literaturreview vor. Ein Schwerpunkt befasst sich dabei mit der Wirksamkeit experimenteller Angebote. Als besonders wirksam erwiesen sich Bildungsangebote, wenn die Aktivitäten der Lernenden in einem vorstrukturierten Setting orchestriert sind, welches instruktionale Elemente enthält und den Lernenden Orientierung bietet (ebd. 2012, S. 151).

1.1.3 Modelle bilden und die Idee des *Conceptual Change*

Im Fokus des nun folgenden Abschnittes stehen Fragen des Nachdenkens über die Natur. In diesem Kontext kommt *Modellen,* als zentrale Reflexionsform in den Naturwissenschaften (Leuchter 2017), eine zentrale Rolle zu. Aus didaktischer Perspektive stellen sie einen Kristallisationspunkt dar, an denen ein wirkliches Verstehen von Naturwissenschaften möglich wird (Ramseger 2010, S. 7)

Zur Präzisierung der lernpsychologischen Muster der Modellentwicklung, -anwendung und -revidierung wird in der Folge auf die Theorien des *Conceptual Change* (Nadelson et al. 2018) verwiesen. Naturwissenschaftliches Lernen wird dabei als der Aufbau, der Wechsel und die inhaltliche Erweiterung von Konzepten verstanden (Michalis, Shouse, Schweingruber 2008, S. 43).

Doch zunächst einige Ausführungen zum Modellbegriff in den Naturwissenschaften: Unter einem Konzept kann in erster Näherung ein „(...) chunk of knowledge (...)“ (Nadelson et al. 2018, S. 155) verstanden werden. Es handelt sich also um eine interne Repräsentation, ein kognitives Konstrukt. Ein solches Verständnis ist durchaus anschlussfähig an das Nachdenken über naturwissenschaftliche Modelle. Beispielsweise spricht der Physiker Hertz von Modellen als Scheinbildern und meint damit innere Repräsentationen, welche mit Bezug zur Empirie entwickelt werden (Wiesner, Schecker, Hopf 2013, S. 11 f.).

Von diesem Gedanken der Parallelität geleitet, werden im Folgenden zunächst einige Überlegungen aus dem Kontext der Modellierung vorgestellt. Es folgt dann eine lernpsychologische Klärung unter Anwendung des Konzeptes von *Conceptual Change.*

In erster Näherung ist Modellieren, verstanden als das Entwickeln und Revidieren von Modellen, ein Nachdenken über Natur. Dabei ist Modellieren eine ordnende Tätigkeit. Ziel ist es, die empirischen Erscheinungen zu systematisieren (Koch, Krell, Krüger 2015, S. 95 f.), oder etwas formaler, zu beschreiben, zu erklären und vorherzusagen (Wiltsche 2013, S. 41–43). Fragen der Modellierung fokussieren weniger auf ein Abbilden. Vielmehr bedeutet Modellieren: Reduktion, Fokussierung und Idealisierung (Wiesner, Schecker, Hopf 2013, S. 12). Zur Erläuterung sei hier erneut das Beispiel der beiden mathematischen Pendel aufgegriffen, die in Phase schwingen sollen (vgl. Abschnitt 1.1.2). Mathematisch gilt hier für die Periodendauer der Pendel:

$$T = 2\pi\sqrt{l/g}$$

Dieses mathematische Modell setzt die folgenden Punkte voraus:

1. Die gesamte Masse des Pendelkörpers ist in einem Punkt konzentriert.
2. Im gesamten System Pendel existiert keinerlei Reibung.
3. Der Faden, an dem der Pendelkörper hängt, ist masselos. (Asmussen 2013, S. 46)

Diese Überlegungen zeigen: Modelle bilden nicht ab. Vielmehr handelt es sich um Konstruktionen der Forschenden/des Forschenden. Sie/er bildet das Bindeglied zwischen der Ebene der Modelle und der Phänomene (Wiesner, Schecker, Hopf 2013, S. 12). Modellbildung ist aber nicht auf das erkennende Subjekt beschränkt. Vielmehr wird innerhalb der Wissenschaftstheorie ein Prozess der sukzessiven Freisetzung beschrieben. In mehreren Schritten wird aus dem mentalen – teilweise auch *Original* genannt – ein *externales Modell,* welches dann der Gemeinschaft der Wissenschaftlerinnen und Wissenschaftler zugänglich ist, die mit diesem Modell arbeiten kann. Modelle können in diesem Prozess sukzessive vergegenständlicht werden – zum Beispiel in Form von Schaubildern oder Mathematisierungen. Schließlich kann ergänzend ein Prozess der Akkumulation von Modellen zu einem Gegenstandsbereich erfolgen. Diese werden in der Folge systematisiert und strukturiert. Aus mehreren Modellen entsteht so sukzessive eine Theorie (Orsenne 2015, S. 10–16; Grünkorn 2014, S. 24–27).

Dieser Konstruktion liegt eine zentrale Unterscheidung zu Grunde: die der Trennung in Erfahrungs- und Modellwelt. Deren Wechselverhältnis soll hier kurz angedeutet werden. Zunächst dienen perzeptuelle Informationen (wahrgenommene Prozesse und Gegenstände) als Basis der Modellkonstruktion. Modelle sind in diesem Sinne Konstruktionen von Wirklichkeit, beschreiben diese – ohne jedoch eine Abbildung empirischer Phänomene zu sein. Dennoch beziehen sich Modelle wiederum auf die Empirie, haben ihren Gegenstand in der Welt empirischer Erscheinungen. Vermittelndes Prinzip zwischen beiden Ebenen sind „Denkstile" (Fleck 1980, S. 110–122), also Muster, welche festlegen, was und wie gefragt, wie beobachtet und unter welchen Leitgedanken Modelle konstruiert, revidiert und verwendet werden (Mikelskis-Seifert, Leisner 2004, S. 134 f.).

Bezüglich der didaktischen Umsetzung werden im Kontext modellorientierter Bildungsprozesse typischerweise drei Ebenen unterschieden:

1. Ebene der Erkenntnisebene durch Modellbildung *(modeling)*
2. Inhaltliches Lernen von unterschiedlichen Modellen *(learning scientific models)*
3. Metareflexion im Sinne von *Nature of Science* zu Prozessen der Modellbildung *(learning about models)* (Orsenne 2015, S. 201)

In der Folge wird in einer Vielzahl von Publikationen der Frage nach der Modellkompetenz von Lernenden nachgegangen. Unter dieser kann die Gesamtheit des gegenstandsbezogenen Wissens (prozedurales und deklaratives Wissen) in Bezug auf Modelle verstanden werden. Dies inkludiert ein Verständnis davon, was Modelle sind, welche Inhalte in ihnen abgebildet werden und wie diese Aussagensysteme zur Lösung von Fragestellungen angewendet werden können (Leisner-Bodenthin 2006, S. 93). Bezüglich dieser Modellkompetenz können nun unterschiedliche Performanzniveaus (Leistungsstufen) unterschieden werden (Conrads 2010, S. 2). Zur didaktischen Anbahnung von Modellkompetenz im obigen Sinne sei hier exemplarisch auf zwei mögliche Zugänge verwiesen, den für die Naturwissenschaftsdidaktik klassischen Zugang des *ruhigen Gespräches* und die *Workshop-Methode*. Der Zugang des ruhigen Gespräches ist eingebettet in die Didaktik Martin Wagenscheins. Im Fokus seiner Pädagogik steht der Gedanke, dass sich exemplarische Inhalte der Naturwissenschaften durch das Experiment, aber insbesondere auch das Gespräche mit den

Lernenden langsam und unter Einbezug von deren Vorwissen und Vorerfahrungen entwickeln (ebd. 2010 A, S. 75–97). Oder in seinen Worten:

> „Ruhige Gespräche (...), durch die Jahre fortgesetzt, (...) lassen erkennen: Ein verfrühender und übereilter, meist sogar vorwegnehmender Einmarsch in das Reich der quantitativ belehrenden Apparate, der nur nachgeahmten Fachsprache, der nur bedienten Formeln, der handgreiflich missverständlichen Modellvorstellung, ein solcher Unterricht zerreißt für viele schon in frühen Schuljahren unwiederbringlich die Verbindung zu den Naturphänomen und stört ihre Wahrnehmung statt sie zu steigern. Er reduziert die Sensibilität für Phänomene und für Sprache gleichermaßen." (ebd. 1980, S. 263)

Einen zweiten in der Literatur behandelten Schwerpunkt stellt die *Workshop-Methode* dar. Ein Workshop basiert auf einer inhaltlich klar fokussierten Aufgabe, die handelnd, aber auch reflektierend bewältigt werden soll. Dabei stehen die folgenden vier Phasen im Mittelpunkt:

1. Einstieg und Einarbeitungsphase
2. Phase der Erarbeitung
3. Anwendungsphase
4. Phase der Reflexion (Mikelskis-Seifert 2010, S. 131)

Nach der inhaltlichen Erläuterung des Modellbegriffes und der Beschreibung möglicher didaktischer Implikationen steht nun der Vorgang der Modellbildung im Sinne der Etablierung eines *Originals* – verstanden als lernpsychologischer Prozess – im Vordergrund. Anknüpfungspunkte sind dabei Fragestellungen der kognitiven Lern- und Entwicklungspsychologie sowie der Wissenschaftstheorie. Wobei in letzterem Fall davon ausgegangen wird, dass es eine gewisse Parallelität zwischen der Entwicklung individueller und wissenschaftlicher Konzepte gibt (diSessa 2014, S. 3 f.). Die Frage, wie dieser Konzeptwechsel modelliert werden kann und welche Mechanismen zu dessen Anbahnung bei den Lernenden didaktisch nutzbar werden können, sind zentral für die Didaktik der Naturwissenschaften (Leuchter 2017, S. 64). Die Forschung hierzu setzte mit der *kognitiven Wende* in der Psychologie ein und ist in der Entwicklungspsychologie unter dem Schlagwort *Conceptual Change* (Nadelson et al. 2018) sowie in der Didaktik der Naturwissenschaften unter den Termini *Präkonzept, typische Lernschwierigkeiten* und *Konzeptentwicklung* (Wisener, Schecker, Hopf 2013, S. 29–47) breit diskutiert worden.

Der vorliegende Diskussionsstand ist hoch divers und kann am ehesten durch unterschiedliche sich überlappende Phasen der Diskussion bestimmt werden. Gegenstand der ersten Phase war die grundlegende Einsicht, dass Wissen sich domainspezifisch etabliert. Im Fokus der zweiten Phase standen die unterschiedlichen Elemente konzeptionellen Wandels. Phase drei stellt eine Integration dieser Einzelarbeiten dar (Amin et al. 2014).

In einer systematischen Annäherung an das Begriffspaar *Conceptual Change* ergibt sich zunächst die Notwendigkeit, den Begriff des Konzeptes zu definieren. DiSessa macht darauf aufmerksam, wie unterschiedlich dieser im Diskurs verwendet wird (2014, S. 10 f.). Konzepte werden im Rahmen dieser Arbeit als wahrnehmungs- und sprachgebunden verstanden. Sie sind interne Repräsentationen verbaler und perzeptiver Aspekte. Konzepte existieren in Verbindung zueinander und lassen sich im Sinne einer atomistischen Idee auf Kategorien herunterbrechen (Waldmann 2017, S. 358 f.).

Hiervon ausgehend soll unter konzeptuellem Wandel ein komplexer Prozess verstanden werden, der hier mit dem *Dynamic Model of Conceptual Change (DMCC)* präzisiert werden soll. In Abbildung 7 soll zunächst ein Überblick gegeben werden.

Abbildung 7: *Dynamic Model of Conceptual Change (DMCC)* (aus Nadelson et al. 2018, S. 171)

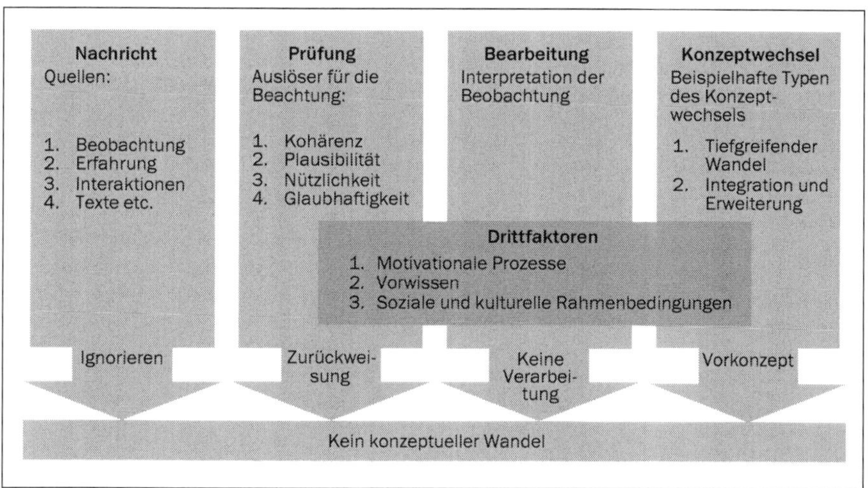

Stufe I stellt eine neue Nachricht dar. Hierbei kann es sich zum Beispiel um eine Beobachtung, einen Text oder um ein Gespräch handeln. Wird diese Nachricht wahrgenommen, folgt ein erster Schritt der Bearbeitung (Stufe II). Die Nachricht wird geprüft. Im Fokus steht die Quelle der Nachricht, deren inhaltliche Plausibilität oder auch das wahrgenommene Ausmaß an Kohärenz. Stufe III stellt eine weitere Beschäftigung mit der Nachricht dar. Die Bearbeitung bezieht sich dabei auf die kognitive, affektive und verhaltensbezogene Ebene und kann unterschiedlich tief ausfallen. Möglich ist in nun ein konzeptueller Wandel.

Dieser kann unterschiedliche Niveaus des Outcomes haben (Nadelson et al. 2018, S. 171–175).

Von diesen Basiskonzepten ausgehend, hat sich in der Didaktik der Naturwissenschaften ein breiter Forschungsbestand entwickelt. Forschungsschwerpunkte sind:

1. Arten konzeptionellen Wandels: Wie bereits im Kontext des *Dynamic Model of Conceptual Change (DMCC)* angedeutet, sind unterschiedliche Outcomes eines Lernprozesses möglich. Verbreitet ist folgende Klassifikation:

   - *Differenzierung eines bestehenden Konzeptes:* Hier wird ein bestehendes Konzept ausgearbeitet.
   - *Restrukturierung unterschiedlicher Konzepte:* Dieser Art von *Conceptual Change* liegt die Idee zu Grunde, dass die unterschiedlichen Konzepte im Sinne eines netzwerkartigen mentalen Modells verknüpft sind. Conceptual Change meint hier Restrukturierung eben dieses Netzwerkes.
   - *Erwerb neuer Konzepte:* Hier findet eine Neubildung eines Konzeptes statt. Angesprochen ist dabei beides – ein Lernen von Modellen und ein Lernen über diese (Mikelskis-Seifert, Leisner 2004, S. 130–135). (Michaelis, Shouse, Schweingruber 2008, S. 42 f.)

2. *Präkonzepte* und *typische Lernschwierigkeiten:* Naturwissenschaftliche Bildungsprozesse sind nicht voraussetzungslos, sondern immer auch das Ergebnis der Auseinandersetzung mit der *intuitiven Physik* – teilweise auch *Präkonzepte* genannt (Wiesner, Schecker, Hopf 2013, S. 29–38). Dabei darf nicht übersehen werden, dass Fachkonzepte den Präkonzepten oft diametral gegenüberstehen (Rhöneck, Niedderer 2010). Daraus können durchaus Lernschwierigkeiten entstehen. Ein Beispiel mag diesen Gedanken erläutern. Kinder in der Zeitspanne des Besuches der Kindertagesstätte haben bezüglich des Phänomens des *Schwimmens* in der Regel die Vorstellung, dass leichte Dinge schwimmen, Schwere dagegen gehen unter (Kraska, Teuscher 2013, S. 42 f.). Dieses *Präkonzept* stellt auf dem Weg zum Fachkonzept der Verdrängung ein Lernhindernis dar (Wiesner, Schecker, Hopf 2013, S. 29–38). Denn in den Fokus muss nicht die Masse des Körpers, sondern die durch ihn verdrängte Masse des Wassers in Relation zu seiner eigenen Masse gesetzt werden.
3. Strategien der Unterstützung konzeptionellen Wandels: *Conceptual Change* passiert in der Regel nicht beiläufig. Vielmehr sensibilisiert das vorgestellte *Dynamic Model of Conceptual Change (DMCC)* für einen höchst vorrausetzungsvollen Prozess. Unterrichtskonzeptionell findet sich in der Literatur oft die in Abbildung 8 dargestellte Schrittfolge.

Abbildung 8: Unterrichtliche Schrittfolge zur Anbahnung von Konzeptwechseln (nach Grygier, Günther und Kircher 2007, S. 33 f.)

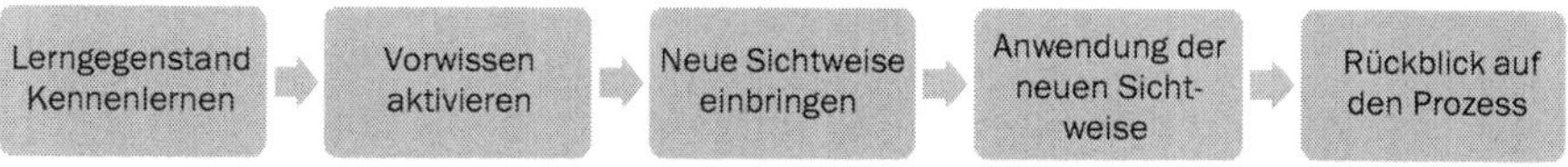

Im Kontext der frühen naturwissenschaftlichen Bildung zeigen sich zwei besondere Herausforderungen bezüglich der Idee eines Conceptual Change:

1. Unvollständiger Aufbau des *Arbeitsgedächtnisses:* Vor dem Hintergrund der Entwicklung des Arbeitsgedächtnisses bei Kindern im Alter der Kindertagesstätte ist davon auszugehen, dass diese nur wenig von längeren Instruktionsphasen profitieren, die an die Gruppe gerichtet sind.
2. *Erhöhter Zeitbedarf* für den Konzeptwechsel: Die Entwicklung eines expliziten naturwissenschaftlichen Wissens bei den Kindern setzt als elementare Grundvoraussetzung Zeit voraus. Konzeptwechsel sind weniger das Ergebnis eines instruktiven Prozesses, sondern vielmehr ein möglicher Outcome möglichst beteiligungsorientierter Bildungsangebote. (Leuchter, Möller 2014, S. 674 f.)

Eine solche Perspektive betont die Notwendigkeit einer spezifischen Elementardidaktik, welche sich nicht vorschnell an schulischen Lehr-Lern-Arrangements orientiert, sondern eigene Wege geht (Schelle 2011).

1.2 Der Bildungsauftrag der Kindertagesstätte[5]

Nach der Darstellung naturwissenschaftsdidaktischer Fragen stehen in diesem Abschnitt nun die Spezifika der Institution Kindertagesstätte, verstanden als Bildungseinrichtung, im Vordergrund. Dabei werden zunächst bildungspolitische Entwicklungen skizziert (vgl. Abschnitt 1.2.1). Es folgt eine Zusammenstellung zentraler Befunde zum elementarpädagogischen Bildungsbegriff (vgl. Abschnitt 1.2.2).

5 Die folgenden Ausführungen basieren auf Asmussen (2019, S. 5–10).

1.2.1 Bildungspolitische Entwicklungen

Ausgangspunkt der öffentlich-bildungspolitischen Diskussion über Kindertagesstätten ist die 1990 erfolgte Änderung des *Kinder- und Jugendhilfegesetzes* (Bamler, Schönberger, Wustmann 2010, S. 40 f.). Neben dem schon vorher bestehenden Betreuungs- und Erziehungsauftrag heißt es in § 22: „Der Förderungsauftrag umfasst Erziehung, *Bildung* und Betreuung des Kindes.“ (§ 22 Absatz 3 Satz 1 KJHG – Hervorhebung nicht im Original) Im Nachgang dieser Gesetzeserweiterung haben die Bundesländer auf der Basis von Vorgaben der Jugendministerkonferenz jeweils Bildungspläne entwickelt, in denen sie den Bildungsbegriff konkretisieren, Inhaltsfelder für Bildungsprozesse beschreiben und didaktische Hinweise für die konkrete Bildungsarbeit im Rahmen der Kindertagesstätte geben (Keller 2009, S. 58).

Die Ausgestaltungen der Bundeländer fallen dabei unterschiedlich aus. Einen prägnanten Überblick hierzu gibt von Bülow (2011, S. 21). Für das Feld der naturwissenschaftlichen Bildung stellt Lück ein Review der unterschiedlichen Bildungspläne zusammen. Ihre Analyse zeigt dabei, dass Heterogenität das feldbestimmende Merkmal ist. Die Ausführungen reichen von detailliert-instruktiven Schilderungen bis hin zu offenen, die *Selbstbildung* (Grochla 2008, S. 89–126) der Kinder betonenden Ideensammlungen (Lück 2018, S. 27–30). In der Bewertung dieser Formalisierungsprozesse muss bedacht werden, dass die Strahlkraft dieser Änderungsvorgänge durch die Ergebnisse der internationalen Schulvergleichsstudien (Rauschenbach 2004, S. 111–114) deutlich erhöht wurde, deren Autorinnen und Autoren als Maßnahme gegen das durchschnittliche Abschneiden deutscher Schülerinnen und Schüler eine verstärkte Fokussierung auf Bildungsprozesse im Elementarbereich vorschlagen (Rost et al. 2004, S. 118 f.).

In der Folgezeit war die bildungspolitische Diskussion insbesondere durch die Idee des Platzausbaus gekennzeichnet. Es kam in allen Bereich zu einem deutlichen Ausbau der Betreuungsquoten – insbesondere aber im Arbeitsfeld der Krippen (Neuß, Lorber 2013, S. 19–24; Rauschenbach, Schilling, Meisner-Teubner 2017, S. 16–18).

Dabei wird von gesetzgeberischer Seite eine qualitätsvolle Arbeit in Kindertagesstätten gefordert. Verwiesen sei hier insbesondere auf den Anspruch nach der Etablierung von Maßnahmen der Qualitätssicherung und -entwicklung nach § 21 (1/1 TAG).

Von dieser Verrechtlichung ungeachtet mehren sich dagegen im pädagogischen Handlungsfeld – zumindest bei skeptischer Lesart – Krisenanzeichen, die deutlich machen, dass die Umsetzung diese Qualitätsansprüche nur partiell realisiert werden. So haben zum Beispiel nach einer Untersuchung von Viernickel, Voss und Mauz nur 55 % der Kindertagesstätten ein Konzept (ebd. 2017, S. 77). Systematische Maßnahmen des Qualitätsmanagements erscheinen den Akteurinnen und Akteuren unter den aktuellen Kontextbedingungen nicht realisierbar (Hupertz et al. 2008, S. 7). Und auch die tatsächlich realisierte *pädagogische Qualität* ist nur begrenzt befriedigend (Tietze et al. 1998, S. 361–364; Tietze et al. 2013, S. 143). Die im Feld tätigen pädagogischen Fachkräfte, hauptsächlich Erzieherinnen und Erzieher (Autorengruppe Fachkräftebarometer 2017, S. 31), haben bezüglich ihres Professionswissens (Aktionsrat Bildung 2012, S. 62–64) deutliche Defizite. Dies zeigt zum Beispiel in Bezug auf die subjektiven Vorstellungen bei der Anbahnung von Bildungsprozessen (von Bülow 2012, S. 62–64) oder den Kenntnissen der Fachkräfte zu Fragen der Beobachtung (Ruppin et al. 2015, S. 147). Gleichzeitig befinden sie sich in einer *Gratifikationskrise*, das heißt sie empfinden eine Lücke zwischen ihrem Einsatz und der monetären Entlohnung (Spieß, Westermaier 2016, S. 1029). Schließlich zeigen sich im Hinblick auf die Betreuungsschlüssel zum einen erhebliche Disparitäten in der Bundesrepublik Deutschland (Bertelsmann Stiftung 2018). Zum anderen liegen die realisierten Verhältnisse noch unterhalb der Empfehlungen aus der Scientific Community (Tietze, Förster 2005, S. 55).

Auf diese Krisentendenzen wird aktuell bildungspolitisch zweigleisig reagiert. Zum einen wird eine Akademisierung des Berufsfeldes angestrebt (Thole 2010, S. 206–208). Zum anderen reagiert der Gesetzgeber mit dem *KiTa-Qualitäts- und -Teilhabeverbesserungsgesetz – (KiQuTG)* auf die Anforderungen.

1.2.2 Bildungstheoretische Überlegungen

Fragen der bildungstheoretischen und der daraus folgenden konzeptionellen Orientierung in der Elementarpädagogik sind Gegenstand eines heterogenen Forschungsfeldes (Stieve 2013, S. 58–53) im deutschsprachigen Begriffsraum (Hopf 2012, S. 23). In Anlehnung an Asmussen kann dabei zwischen zwei zentralen Positionen unterschieden werden:

1. Selbstbildungsansätze
2. ko-konstruktive Elemente (Asmussen 2019, S. 5–8)

Selbstbildungsansätze betonen dabei das kontemplative, zurückgezogene und asynchrone Element von Bildungsprozessen (Schäfer 2011, S. 27). Im Fokus steht das sich selbst bildende Subjekt, welches sich im Kontext des Bildungsprozesses gleichsam selbst hervorbringt (Laewen 2002, S. 33). Pädagogische Fachkräfte können diese Prozesse unterstützen. Zentrale Gestaltungsgröße bleiben jedoch die sich bildenden Subjekte. Dem Ansatz der Selbstbildung folgend, entziehen sich diese Prozesse relativ weitgehend einer didaktischen Steuerungsmöglichkeit (Liegle 2006, S. 94f.). Philosophischer Fixpunkt sind hier Überlegungen aus dem *Radikalen Konstruktivismus* (Kraska und Teuscher 2013, S. 15).

Der Ansatz des *Ko-Konstruktivismus* fokussiert im Gegensatz auf die soziale Seite von Bildungsprozessen (Fthenakis 2003, S. 27). Bildung ist in diesem Verständnis ein sozialer Austauschprozess zwischen Kindern und den pädagogischen Fachkräften. Theoretischer Ausgangspunkt sind hier *sozialkonstruktivistische Überlegungen* (Stieve 2013, S. 62f.). Didaktisch erhöht sich im Kontext dieses Zuganges die Zahl der Zugriffsmöglichkeiten. Die Fachkräfte arbeiten zielorientiert, bringen Ideen und Ansätze ein, um das Denken der Kinder zu erweitern. In diesem Kontext gewinnen kommunikative Techniken, wie zum Beispiel das *Sustained Shared Thinking* – verstanden als ein Ansatz, bei dem Fachkräfte und Kinder gemeinsam an einer Fragestellung arbeiten, mit dem Ziel, das Wissen der Lernenden beziehungsweise des Lernenden zu erweitern (Siraj-Blatchford et al. 2002, S. 8) – eine zentrale Rolle. Ein prominentes konzeptionelles Beispiel ist hier der Ansatz des *Philosophierens mit Kindern* (Sinhart-Pallin, Ralla 2014). Neben aller Pluralität unterschiedlicher Zugänge besteht deren zentrale Gemeinsamkeit in der Diskussion der Kinder untereinander und mit den pädagogischen Fachkräften zu vorher definierten Inhalten (Brünning 2015).

Im Folgenden werden die zentralen Annahmen beider Ansätze zusammenfassend anhand Tabelle 3 gegenübergestellt.

Tabelle 3: Gegenüberstellung von bildungstheoretischen Positionen im Elementarbereich (nach Kraska und Teuscher 2013, S. 15)

	Selbstbildung	**Ko-Konstruktion**
Erkenntnistheorie	Radikaler Konstruktivismus	Sozialkonstruktivismus
Fachkraft	Gestaltet das Umfeld, beobachtet die Kinder, bietet Reflexionsgelegenheiten	Aktive und intentionale Gestaltung des Bildungsprozesses, Kommunikation als zentrales Gestaltungsmerkmal
Inhalte	In der Regel werden keine Ziele oder Inhalte definiert	Orientierung an Inhalten und Zielen
Fokus	Das Kind als Gestalter_in seiner eigenen Bildung	Die Interaktion der Fachkraft mit dem Kind oder den Kindern

Beide Ansätze sind breit kritisiert worden. Ansätzen der *Selbstbildung* wird eine gewisse Blindheit gegenüber dem Phänomen der sozialen Ungleichheit vorgeworfen:

> „Das klingt alles recht sympathisch und kinderfreundlich (gemeint sind hier die Selbstbildungsansätze, Anmerkung des Verfassers). Aber das klingt nur so. Denn kinderfreundlich sind Selbstbildungsansätze nicht, zumindest sind sie das nicht für alle und zu allen Kindern aus allen sozialen Schichten.“ (Grell 2010, S. 155, im Original mit Hervorhebungen).

Hinzu kommt eine gewisse Passivität innerhalb didaktischer Kontexte. Bildungsprozesse entziehen sich in diesem Kontext einer externen Förderung durch die pädagogischen Fachkräfte (Kubli 2002, S. 141–143). Bezüglich der Kritik am *Ko-Konstruktivsmus* kann insbesondere eine überbordende Didaktisierung im Sinne einer Verschulung des Elementarbereiches festgestellt werden. Das spezifisch Eigensinnige einer gelingenden Elementarbildung tritt so nicht mehr zu Tage (Leuchter, Möller 2014, S. 674 f.). In eine ähnliche Richtung argumentierend, kann eingewandt werden, dass das kontemplative Element - auch im Sinne von *selbstgesteuerten Lernprozessen* (Kraft 1999, S. 835) - zu wenig Beachtung findet (Asmussen 2019, S. 8). Damit droht die Gefahr, dass die Kategorie der Mündigkeit aus dem Blick gerät (Grell 2006, S. 16).

1.3 Naturwissenschaftliche Bildung in der Kindertagesstätte

Nach der Darstellung zentraler Grundlagen der Naturwissenschaftsdidaktik und einer institutionellen Analyse des Bildungsauftrages der Kindertagesstätte stehen hier nur vorliegende Befunde der naturwissenschaftlichen Grundbildung in Kindertagesstätten im Mittelpunkt. Die Darstellung gliedert sich dabei in konzeptionelle (vgl. Abschnitt 1.3.1) und empirische Befunde (vgl. Abschnitt 1.3.2).

1.3.1 Konzepte der naturwissenschaftlichen Grundbildung

Es herrscht im Diskurs bezüglich der Frage, wie naturwissenschaftliche Bildung in der Kindertagesstätte zu organisieren ist, wenig Einigkeit. Vielmehr existiert eine Vielzahl recht unterschiedlicher Zugänge[6]. Im Folgenden werden in Auseinandersetzung mit der Diskussion in Asmussen (2013, S. 16–24) vier didaktische Konzeptionen[7] unterschieden:

6 Schaut man in die Praxis, so zeigen sich in Abhängigkeit der jeweiligen didaktischen Variante recht unterschiedliche Realisierungshäufigkeiten. Im Bereich der Naturwissenschaften dominieren klar offene Bildungsangebote, also durch die pädagogischen Fachkräfte gestaltete Lernumwelten, in denen die Kinder ein Materialangebot frei nutzen können. Bei Bedarf werden sie dabei von den pädagogischen Fachkräften unterstützt (Bossi, Lieger, Kucharz 2014, S. 94 f.)

7 Der Begriff der Konzeption wurde hier gewählt, um eine gewisse didaktische Geschlossenheit der Überlegungen deutlich zu machen. Hiervon sind didaktische Hinweise abzugrenzen, welche für sich zur Anbahnung konkreter naturwissenschaftlicher Bildungsangebote in der Kindertagesstätte nicht ausreichen. Beispiele für die Kategorie der didaktischen Hinweise liefern Steffensky (2017, S. 26–28) und Leuchter (2017, S. 75–92).

1. *Instruktive Ansätze:* Im Feld der instruktiven Ansätze sind insbesondere die Arbeiten von Lück zentral. Im Fokus steht hier ein stark grundschuldidaktisch inspiriertes Verständnis naturwissenschaftlicher Bildung (Möller 2009, S. 171 f.). Im Zentrum der Aufmerksamkeit befinden sich die fünf- bis sechsjährigen Kinder der Kindertagesstätte. Ziel innerhalb des Ansatzes ist es Experimente durchzuführen und insbesondere diese zu *deuten*. Unter einer Deutung versteht die Autorin eine didaktisch reduzierte Erklärung für naturwissenschaftliche Phänomene (Lück 2009, S. 28). Das Experimentieren und Deuten der Experimente ist aus dem Alltag der sonstigen Arbeit herausgelöst – findet in einem separaten Raum mit einer kleinen Gruppe unter der Aufsicht einer pädagogischen Fachkraft statt (ebd. 2009, S. 144 f.). Hierbei ergibt sich der folgende Ablauf:

   - Vertraut werden mit dem vorgegebenen experimentellen Arrangement
   - Zu dem Experiment hypostasieren
   - Durchführung des Experimentes vereinbaren und vornehmen
   - Beobachtungen machen, sammeln und systematisieren
   - Phänomene *deuten* (Lück 2013, S. 563 f.)

   Zentrales Anliegen von Lück ist es, naturwissenschaftliche und sprachliche Bildung miteinander zu verknüpfen. Besonders deutlich zeigt sich dies im Kontext der von ihr genutzten Methode des *Storytelling*. Sie nutzt in diesem Zusammenhang fiktive Geschichten als Einstiegsmöglichkeit in Fragen der naturwissenschaftlichen Grundbildung. Geschichten stellen hier einen konkreten Erlebnisrahmen für sich daran anschließende Prozesse der naturwissenschaftlichen Grundbildung dar (ebd. 2007).

   Auch wenn Instruktion unzweifelhaft ein zentrales Merkmal von Bildungsprozessen ist (Steffensky 2017, S. 26 f.), muss jedoch auf die spezifischen Rahmenbedingungen elementarpädagogischer Bildungsarbeit hingewiesen werden (Kauertz 2012, S. 111–117). So wird bei vom Lück vorgeschlagenen Prinzip der *Deutung* die wenig entwickelte Gedächtnisspanne der drei- bis sechsjährigen nicht ausreichend beachtet (Leuchter 2017, S. 72 f.).
2. *Erfahrungsbasierte Vorgehensweisen:* Im Gegensatz zu dem in Gliederungspunkt Eins genannten Vorgehen stehen im Kontext dieses Ansatzes spezifisch elementarpädagogische Vorgehensweisen im Mittelpunkt (Neuß 2013, S. 23–27). Der didaktischen Antinomie von *Instruktion* und *Konstruktion* folgend (Giest 2012, S. 16–18; Michalik 2010, S. 95–103), steht hier insbesondere die Eigentätigkeit und Selbstorganisation der Kinder im Vordergrund. Zentraler theoretischer Bezugspunkt ist der Ansatz der *Selbstbildung:* Dies meint, dass Kinder grundlegend über alle notwendigen Ressourcen verfügen, um die innere Verarbeitung ihrer Erfahrungen zu organisieren

und so ihre Fähigkeiten zu entwickeln und zu entfalten (Schelle 2013, S. 13). Für die didaktische Umsetzung werden wesentlich drei Ansätze diskutiert:

- Der Situationsansatz (Zimmer 2007)
- Der Ansatz der Forscherecke (Schlag 2009)
- Der Ansatz der Lernwerkstatt (Thesmann 2007)

Im Folgenden soll exemplarisch der Zugang der *Lernwerksatt* konkretisiert werden. Hierbei handelt es sich um aufbereitete Umgebungen im Innen- und Außenbereich der Kindertagesstätte, in denen die Kinder eigne Fragestellungen entwickeln, Inhalte bearbeiten, Modelle testen und handelnde Formen erkunden können. An diese Erfahrungsprozesse können dann angeleitete Reflexionsformate, wie Gespräche, Dokumentationen und Erzählungen, anknüpfen. Was, wie und mit welchem Ziel gelernt wird, bleibt dem Subjekt überlassen (Schäfer 2009, S. 21 f.). Lernwerkstätten sind damit Orte, in denen selbstbestimmte, handelnde und kooperative Prozessformen angebahnt werden. Dabei steht das kindliche Spiel im Vordergrund. Im Fokus steht dabei nicht ein Bildungsbereich – wie die naturwissenschaftliche Bildung. Vielmehr steht ein integrativer Gesamtprozess mit dem Ziel der Persönlichkeitsbildung an den Dingen und mit den Dingen in Relation zu einem sozialen Feld im Mittelpunkt (Pfeiffer 2012, S. 13–18). Lernwerkstattarbeit meint aber mehr als nur einen pädagogischen Zugang zum Raum. Vielmehr wird damit auch eine pädagogische Haltung der Fachkräfte beschrieben (Kraska, Teuscher 2013, S. 108). Dieser kann durch einen dialogischen, offenen und forschenden Habitus (Nentwig-Gesemann 2007) in Kombination mit dem Merkmal einer Pädagogik der Zurückhaltung (Thesmann 2007, S. 32) beschrieben werden. Mit dieser Rolle einher geht ein genaues Beobachten der Kinder. Hierfür kommen recht unterschiedliche Zugänge in Betracht:

- Das sehr offene *wahrnehmende Beobachten,* bei welches ohne Beobachtungskategorien den Gegenstand inhaltlich ungerichtet beschrieben wird (von der Beek, Schäfer, Steudel 2006, S. 36–49).
- Die *Bildungs- und Lerngeschichten,* welche einzelne Episoden der Arbeit der Kinder in den Fokus rückt, diese analysiert und über mehrere Reflexionsschritte den Kindern zugänglich macht (Leu et al. 2012).
- Das Verfahren der *Lerntiefe,* welches das Verhalten der Kinder im Rahmen eines Indikatorensatzes unterschiedlichen Bearbeitungstiefen im Sinne von Kategorien zuweist (Asmussen 2013, S. 65 f.).

Dieser erfahrungsbasierte Zugang stellt nicht das inhaltliche Lernen in den Mittelpunkt, sondern betrachtet naturwissenschaftliche Bildung in der Kindertagesstätte als eine Propädeutik für späteres inhaltliches Lernen in den Naturwissenschaften (Englert, Kiupel 2012). Damit bleibt ein solcher Zugang hinter den Möglichkeiten einer fachlich anspruchsvollen Bildung zurück, die zeigt, dass sich Kinder durchaus erste Grundkonzepte der Naturwissenschaften erarbeiten können (Samarapungavan, Mantzicopoulus, Patrick 2008).

3. *Inquiry-Based-Learning:* Im Fokus dieses Ansatzes steht das Nachempfinden eines naturwissenschaftlichen Forschungsprozess als didaktische Form (Kosler 2007). Je nach Arbeitsphase innerhalb des Prozesses wechseln sich unterschiedliche Arbeitsformate ab. Diese reichen von offenen-explorierenden Formaten bis hin zu instruktiven Spielarten. Auch die Sozialformen sind variabel. Sie reichen von Einzelarbeit bis hin zu gruppenbezogenen Formaten. Bezüglich der Zielorchestrierung werden inhaltliche (Begriffe, Modelle etc.), methodische (Beobachten, Experimentieren etc.) sowie Fragen der Philosophie der Naturwissenschaften (Wahrheitssuche, Prozesse von Wissenschaft etc.) avisiert (Worth, Grollmann 2003; MacDonell 2007; Samarapungavan, Mantzicopoulus, Patrick 2008; Howard 2010). Im Fokus steht dabei insbesondere die Kommunikation zwischen den Fachkräften und den Kindern. Ziel ist es, durch eine spezifische Kommunikation Hilfestellungen zum Lernen zu geben. In diesem Zusammenhang wird insbesondere die Technik des *Sustained Shared Thinking* diskutiert: Hopf charakterisiert diesen Ansatz wie folgt:

   > „Sprachliche und kognitive Anregungen der Pädagogin können somit als Merkmal von Sustained Shared Thinking beschrieben werden, das durch ein gemeinsames gedankliches Voranschreiten bezogen auf Problemlösungssituationen gekennzeichnet ist und eine aktive Auseinandersetzung zwischen Kind und Pädagogin voraussetzt.“ (Hopf 2012, S. 38)

   Als Vorzüge des Ansatzes sei zum einen auf seine breite und didaktisch vielfältige Ausrichtung verwiesen. Zum anderen wird in der Folge der breiten Zielorchestrierung eine umfassende naturwissenschaftliche Grundbildung im Sinne einer *Scientific Literacy* (Schiepe-Tiska 2013, S. 193) gefördert. Kritisch bleibt anzumerken, dass in diesem Zusammenhang oft lediglich das Wissenschaftsverständnis des Kritischen Rationalismus thematisiert wird (Popper 1969, S. 72). Die erzeugt die irrtümliche Vorstellung, dass Naturwissenschaften lediglich einen deduktiv-falsifizierenden Erkenntnisweg nutzen würden (Kosler 2017, S. 116).

4. *Projektbasierte Zugänge:* Konzeptioneller Fokus dieses Zuganges ist die Projektmethode (Fthenakis et al. 2012, S. 151–166; Kraska, Teuschner 2013, S. 77–83; Schneider, Oberländer 2012, S. 35f.). Unter einem Projekt kann ein gestalteter Erfahrungs- und Lernraum verstanden werden, der sich

durch eine oder mehrere inhaltliche, unterschiedliche umfangreiche Fokussierungen sowie Gestaltungsmöglichkeiten für die Lernenden auszeichnet (Frey 2012, S. 15f.). Projektarbeit folgt unterschiedlichen Phasen (Mikelskis 2010, S. 206–208). Im Fokus der Projekte steht neben inhaltlichen und methodischen Fragen aus dem Feld der Naturwissenschaften wesentlich auch die Frage der Förderung einer lernmethodischen Kompetenz, was ein Reflektieren des eigenen Lernprozesses bedeutet, um es auf dieser Basis bei den Kindern Vorstellungen dazu anzubahnen, wie Lernen funktioniert (Fthenakis et al. 2012, S. 152). Je nach Phase fließen in Projekten selbstgesteuerte und instruktive Formate unter der inhaltlichen Klammer des Projektthemas zusammen. Ziel der instruktiven Phasen ist es Inhaltsfelder zu erschließen, Orientierung in komplexeren Inhaltsgebieten zu ermöglichen, Methoden und Instrumente zu entdecken und Problemlösestrukturen zu entwickeln. Im Fokus der selbstorganisierten Phasen steht das Explorieren von Sachverhalten, die Anwendung von Methoden und die eigene Reflexion über projektbezogene Fragen im Mittelpunkt (Traub 2012, S. 48f.). Für die Wirksamkeit der Projektmethode sprechen zunächst empirische Argumente, wie eine höhere Wirksamkeit auf das naturwissenschaftliche Wissen der Kinder von Settings mit konstruktiven und instruktiven Elementen (Windt 2011, S. 163f.). Weiterhin kann hier auf naturwissenschaftsdidaktische Überlegungen aus dem Kontext von *Conceptual Change* hingewiesen werden, in deren Rahmen die Möglichkeit von Wechseln nur auf der Basis von neuen Modellen oder zumindest Erkenntnissen erfolgen kann (Grygier, Günther, Kircher 2007, S. 33f.). Die Projektmethode bietet die Chance, offene und geschlossene Formate miteinander zu kombinieren.

In der Zusammenfassung zeigt sich wenig Einheitliches. Feldbestimmendes Merkmal ist Heterogenität. So herrscht in der Summe Uneinigkeit über die Zielorchestrierung, die Arbeitsformen und schließlich auch über die zur Bearbeitung der Fragestellung heranzuziehenden Diskurse. Schlussendlich kann über die Angemessenheit der Zugänge nur empirisch entschieden werden. Ein Spiegel ausgewählter empirischen Studien ist Gegenstand des folgenden Abschnittes.

1.3.2 Empirische Befunde zur naturwissenschaftlichen Grundbildung

Bei der Frage nach der Auswahl relevanter Studien fallen zunächst Befunde der kognitiven Entwicklungspsychologie ins Auge. Zu nennen sind hier insbesondere:

1. Befunde zu naturwissenschaftsbezogenen metakognitiven Fähigkeiten, zum Beispiel zum Umgang mit *Evidenz* und *Gegenevidenz* (Sodian, Zaitchik, Carey 1991) oder zum Konzept der *Kausalität* (Sodian 2005, S. 13 f.).
2. Forschungsbefunde zu inhaltlich-naturwissenschaftlichem Alltagswissen von Kindern – auch als *intuitives naturwissenschaftliches Wissen* benannt (Krahn 2005, S. 24–60). Dieses ist in ganz unterschiedlichen Bereichen in einem als insgesamt erstaunlich zu bewertendem Umfang vorhanden (Lück 2013, S. 559 f.).

Der Fokus des vorliegenden Abschnittes wird anders gesetzt. So sollen hier Befunde zusammengetragen werden, die einen direkten Bezug zum Feld der naturwissenschaftlichen Bildung im Elementarbereich – verstanden als zielgerichtetes didaktisches Arrangement – aufweisen. Hier zeigt sich eine recht heterogene Studienlandschaft. Das Feld wird durch einzelne Partikularuntersuchungen dominiert. Die Sachlage stark vereinfachend, wird zu drei Schwerpunkten gearbeitet (siehe Tabelle 4).

Tabelle 4: Ausgewählte empirische Studien zu Fragen der naturwissenschaftlichen Grundbildung (nach Asmussen 2013, S. 28)

Nummer	Feld	Exemplarische Studien
1	Didaktische Arrangements	Windt (2011) Steffensky et al. (2011) Lankes, Steffensky, Carstensen (2011)
2	Fachkräfte	Evaschintzky, Lohr, Hille (2008) Kuhn, Lankes, Steffensky (2012) Zimmermann (2011)
3	Kinder	Dhein (2011) Höhner et al. (2015) Samarapungvan, Mantzicopoulos, Patrick (2008)

Im Folgenden sollen für jeden dieser Schwerpunkte die genannten drei Untersuchungen im Hinblick auf ihren methodischen Zuschnitt und zentrale Analyseergebnisse kurz dargestellt werden.

Ad 1: Im Fokus dieses Clusters stehen Fragen der *Wirksamkeit* unterschiedlicher didaktischer Arrangements. *Windt* verglich in diesem Zusammenhang drei unterschiedliche didaktische Spielarten miteinander: offen-explorierende Angebote, stärker instruktive Formate und eine Kombination beider Varianten. Als abhängige Variable wählte sie das naturwissenschaftliche Wissen der Kinder. Erwartungsgemäß zeigte sich in dem offen-explorierenden Setting kein Wissenszuwachs. In den beiden anderen Experimentalbedingungen ließen sich dagegen signifikante Zuwächse zeigen. Diese blieben auch im Längsschnitt, das heißt über mehrere Messzeitpunkte, stabil (ebd. 2011). *Steffensky et al.* untersuchten ebenfalls die Wirksamkeit verschiedener didaktischer Varianten im Rahmen eines experimentellen Settings. Verglichen wurden hier die Durchführung von Experimenten, situationsorientiertes Arbeiten und eine Kombination beider Spielarten. Als abhängige Variable wurde wieder der Wissenszuwachs gewählt. Erstaunlicherweise konnte nur eine Kombination beider Spielarten einen statistisch bedeutsamen Wissenszuwachs evozieren (ebd. 2012). *Lankes, Steffensky und Carstensen* setzten sich in einer dritten Studie mit Praxismaterialien auseinander. Im Rahmen einer Inhaltsanalyse untersuchten sie insgesamt 76 Publikationen. Dabei kamen sie zu dem Ergebnis, dass die Möglichkeiten des Materials nur selten ausgeschöpft werden. So fehlt es zumeist an einer sinnvollen Reihung der Experimente, an Gesprächsmöglichkeiten über diese und einer Einwurzelung in die Lebenswelt der Kinder (ebd. 2011).

Ad 2: Evaschintzky, Lohr und Hille untersuchten im Rahmen eines umfangreicheren Forschungsprojektes die Einstellungen pädagogischer Fachkräfte unter Einsatz eines Fragebogens. Dabei wurde im Sinne eines Prä-Post-Designs einmal vor und einmal nach der Teilnahme an einer umfangreichen Fortbildungsreihe zum naturwissenschaftlichen Lernen in der Kindertagesstätte gemessen. Hier zeigte sich ein Einfluss auf zwei Dimensionen. Zum einen gaben die Fachkräfte nach der Fortbildung eher eine Überforderung bei den Kindern an, zum anderen betonten sie stärker den kompensatorischen Auftrag von Kindertagesstätten. Bei der Interpretation ist jedoch eine gewisse Vorsicht in Anbetracht der sehr kleinen Stichprobenumfänge geboten (ebd. 2008). *Kuhn, Lankes und Steffensky* wählten keine Interventionsstudie, sondern ein feldbeschreibendes Design. Sie untersuchten erneut im Rahmen eines Fragebogens das Interesse der Fachkräfte für naturwissenschaftliche Inhalte, die wahrgenommene Relevanz für den Elementarbereich und die Vorstellungen der Fachkräfte zu fachlich angemessenen Lernvorstellungen für die naturwissenschaftliche Bildung in Kindertagesstätten. Als Ergebnisse können festgehalten werden:

1. Das Interesse an Naturwissenschaften ist von der Disziplin abhängig. Es kann eine Interessensrangreihe von groß zu klein gebildet werden: Biologie – Chemie – Physik.
2. Angeboten der naturwissenschaftlichen Grundbildung stehen pädagogische Fachkräfte insgesamt offen gegenüber. Ihre Fähigkeit, naturwissenschaftliche Bildungsangebote durchzuführen, schätzen sie als höher ein als die, selber fachliche naturwissenschaftliche Probleme zu lösen.
3. Insgesamt vertreten die Fachkräfte ein konstruktivistisch geprägtes Bild naturwissenschaftlicher Bildung. (ebd. 2012)

Zimmermann und Welzel arbeiten dagegen verstärkt Berührungsängste pädagogischer Fachkräfte mit Angeboten naturwissenschaftlicher Bildung heraus (ebd. 2007, S. 254). Auf dieser Basis entwerfen sie ein Unterstützungsmodell mit Coaching- und Fortbildungsanteilen. Beide Aspekte unterstützen, so der Prä-Post-Vergleich mit einem Fragebogen, die Fachkräfte in der Umsetzung des naturwissenschaftlichen Bildungsauftrages. Zum Abbau der im Vorfeld benannten Berührungsängste mit dem Themenfeld ist allerdings die Kombination der Fortbildungseinheiten mit Coaching-Angeboten erforderlich (Zimmermann 2011).

Ad 3: Dhein untersuchte das konkrete Experimentierverhalten von Kindern anhand einer Beobachtungsstudie. Dabei sind insbesondere drei Ergebnisse bemerkenswert: Zunächst kann festgehalten werden, dass die Experimente durch die Kinder intensiv eingesetzt wurden. Zweitens gilt es zu konstatieren, dass es Unterschiede im Experimentierverhalten von Mädchen und Jungen gibt. Jungen nutzen experimentelle Angebote und insbesondere deren Gestaltungsparameter intensiver für sich. Abschließend steht im Erleben der Kinder weniger das Erklären der Experimente im Vordergrund. Vielmehr beziehen sich die sprachlichen Äußerungen auf Handlungsmöglichkeiten im experimentellen Setting (ebd. 2011). *Höhner et al.* untersuchten das Interesse von Kindern für Naturwissenschaften und insbesondere deren Variation in Abhängigkeit des Geschlechts. Dafür wurden Eltern, pädagogische Fachkräfte und Kinder befragt. Auf allen Ebenen fanden sich Hinweise für geschlechterspezifische Interessensmuster. So sind Natur und Technik in der Wahrnehmung der Eltern eher Fragestellungen für Jungen. In der Wahrnehmung der Fachkräfte spiegelt sich dieses Bild. Mehr als zwei Drittel der Fachkräfte sind der Ansicht, dass Mädchen und Jungen unterschiedlich mit Angeboten der naturwissenschaftlichen Bildung umgehen. Aus der Sicht der Kinder unterscheiden sich Mädchen und Jungen zum Beispiel im Hinblick auf naturwissenschaftsspezifisches Spielzeug. Dies ordneten die Kinder eher den Jungen als den Mädchen zu (ebd. 2016).

Samarapungvan, Mantzicopoulos und Patrick untersuchten in einer Begleitstudie zu ihrem bereits in Abschnitt 1.3.2 erwähnten Zugang eines *Inquiery based learning* die Bildungswirksamkeit ihres Vorgehens. Dabei gelang es ihnen, anhand eines standardisierten Tests und Portfolios zu zeigen, dass diese von dem fachlich anspruchsvollen Zugang profitiert haben, sich in der der Folge des Angebotes ein deutlicher Wissenszuwachs zeigte (ebd. 2008).

In der Summe zeigen die Ergebnisse dreierlei: Zunächst profitieren Kinder insbesondere von komplexen und didaktisch pluralen Settings. Zweitens bedarf es besonderer Mühen in der Fortbildung pädagogischer Fachkräfte in diesem Feld. Abschließend gibt es bei den Kindern geschlechterassoziierte Unterschiede in den Interessenlagen und den Umgang mit Experimenten.

1.4 Sieben Thesen zur naturwissenschaftlichen Bildung

Ziel dieses Abschnittes ist es, die zentralen Ergebnisse der drei in dieser Studie bislang untersuchten Diskurse auf der Basis von Thesen zu kompilieren. So soll eine Folie entstehen, vor deren Hintergrund die zentralen konzeptionellen Elemente des Ansatzes der ENB theorie- und empiriebasiert entwickelt werden können.

In der Zusammenschau der vorliegenden Befunde zeigt sich insgesamt die Notwendigkeit für ein komplexes didaktisches Setting, in dem gezielt unterschiedliche Zugänge und didaktische Konzepte miteinander kombiniert werden, um einen größtmöglichen naturwissenschaftlichen Bildungserfolg bei den Kindern zu ermöglichen. Im Detail können die folgenden Thesen formuliert werden:

1. Ziel einer naturwissenschaftlichen Grundbildung in der Kindertagesstätte muss es sein, Kindern ein breites Erfahrungsspektrum anzubieten.
Basierend auf lernpsychologischen Befunden (Leuchter, Möller 2014, S. 674f.), den Erkenntnissen aus dem Kontext der erfahrungsbasierten Ansätze der naturwissenschaftlichen Grundbildung (Englert, Kiupel 2012) sowie dem aus der Elementarpädagogik entstammenden Bildungsbegriff der *Selbstbildung* (Schäfer 2011, S. 27; Laewen 2002, S. 33) erscheinen erfahrungsbezogene Formate innerhalb der frühen naturwissenschaftlichen Bildung als zentral. Kinder können in diesem Zusammenhang eigene Erfahrungen im Umgang mit Materialien sammeln. Diese können sodann als Kristallisationspunkte naturwissenschaftlicher Bildung betrachtet werden. Wagenschein beschreibt diese empirische Fundierung von Bildungsprozessen als *Einwurzelung* (ebd. 2010 A, S. 64f.). Neben dieser naturwissenschaftsdidaktischen Fundierung verweist ein solches Vorgehen aber auch auf eine spezifisch elementarpädagogische Tradition der Gestaltung des Raumes im Sinne einer vorbereiteten Umgebung (Neuß 2013, S. 23–27).

2. Naturwissenschaftliche Bildung im Sinne einer Scientific Literacy umfasst unterschiedliche Elemente. Die Entwicklung von eben dieser ist als ein Prozess zu denken, zu dem die Kindertagesstätte einen ersten Beitrag zu leisten vermag.
Naturwissenschaftliche Bildung soll einen Beitrag dazu leisten, dass Menschen sich in einer durch Naturwissenschaft und Technik geprägten Welt orientieren können (Schiepe-Tiska et al. 2013, S. 46–48). Auf der Basis eines solchen Verstehensprozesses gilt es Möglichkeiten der Teilhabe im Sinne einer Mitgestaltung zu entwerfen (Roth, Barton 2004, S. 17). Vor diesem Hintergrund gilt es Naturwissenschaften breit als eine Kombination methodischer, wissenschaftstheoretischer und fachlich-inhaltlicher Fragen zu thematisieren (Schiepe-Tiska 2013, S. 193). Ausgangspunkt ist dabei die Frage, welche Kenntnisse für Orien-

tierungs- und Teilhabeprozesse nötig sind (Bybee 1997, S. 73). Eine solche naturwissenschaftliche Bildung ist ein institutionenübergreifender Lernprozess, zu dem die Einrichtung der Kindertagesstätte einen ersten Beitrag leisten kann. Unterschiedliche empirische Befunde zeigen die erstaunlichen Verstehensmöglichkeiten von Kindern, zum Beispiel bei der Sammlung von Daten und dem Bilden von Modellen (Samarapungvan, Mantzicopoulos, Patrick 2008).

3. In Prozessen der naturwissenschaftlichen Grundbildung gilt es instruktive und konstruktive Elemente miteinander zu verbinden.

Die Dimension von *Instruktion* und *Konstruktion* ist eine der Grunddimensionen pädagogischen und insbesondere didaktisch-unterrichtlichen Handelns (Giest 2012, S. 16–18). Insgesamt deuten die Befunde im elementarpädagogischen Bereich (Windt 2009), aber auch darüber hinaus (Rieß, Rönberg 2012, S. 151) darauf hin, dass eine Kombination beider Spielarten sich am Positivsten auf den naturwissenschaftlichen Bildungserfolg der Lernenden auswirkt. Im Fokus steht damit ein Vorgehen, welches die Eigenaktivität der Kinder ermöglicht, Gestaltungsspielräume und Auseinandersetzungen mit Materialien, aber auch die Diskussion und den Austausch über Erkenntnisse einstreut. In der Folge bedarf es zweier unterschiedlicher didaktischer Stile. Zunächst einer *Pädagogik der Verzögerung*, welche Zurückhaltung der pädagogischen Fachkräfte fordert. Im Fokus steht dabei ein Gewähren von Handlungsspielräumen für die Kinder und eine genaue Situationsbeobachtung durch die pädagogischen Fachkräfte (Liegle 2006, S. 94f.). Der zweite didaktische Stil zeichnet sich durch Aktivität der Fachkräfte aus. Zentral sind dabei kommunikative Handlungsmuster, wie das *Sustained Shared Thinking* (Siraj-Blatchford et al. 2002, S. 8), und konkrete verbale Techniken, wie das *Scaffolding* (Leuchter 2017, S. 82f., 87). Damit bedarf es komplexer naturwissenschaftlicher didaktischer Angebote, die sich nicht der In-Front-Stellung von *Ko-Konstruktion* (Fthenakis 2003, S. 26) und *Selbstbildung* (Schäfer 2009, S. 21) bedienen, sondern integrative Modi, in denen, je nach didaktischer Phase, unterschiedliche Zugänge genutzt werden.

4. Experimentelle Angebote sind wichtige Elemente naturwissenschaftlicher Bildungsangebote in der Kindertagesstätte.

Dieser Gedanke wird zunächst vor dem Hintergrund der ersten These evident. Experimentelle Settings stellen eine zentrale Erfahrungsbasis naturwissenschaftlichen Arbeitens dar (Carnap 1986, S. 49f.). Dabei ist nicht jedes *Herumbosseln* (Hacking 1996, S. 256) an der Natur auch ein Experiment. Vielmehr ist Experimentieren ein strukturierter Prozess, eine naturwissenschaftliche Methode, die spezifische Regeln nutzt (Schulz, Wirtz, Staruschek 2012; Abruscato, DeRosa 2010, S. 51f.). Dabei ist es jedoch wichtig zu betonen, dass es *das* experimentelle Vorgehen nicht gibt. Vielmehr kann ein Experiment im Forschungsprozess unterschiedliche Aufgaben einnehmen. Auch ist das Verhältnis experimenteller und theoretischer Arbeit komplex (Wiltsche 2013, S. 54–96). Damit ist das Experiment keinesfalls eine beliebige Gestaltungsgröße im Bildungsprozess (Krumbacher 2007, S. 293). Schließlich ist es in seiner Methodik und Methodologie selber Teil des Bildungsprozesses. Dabei ist es wichtig, dass diese Fragen ein eigener Gegenstand des Bildungsprozesses werden (McComas 1998).

5. Didaktisch kann der Prozess der naturwissenschaftlichen Bildung als ein Konzeptwechsel gedacht werden.
In der Regel haben *naturwissenschaftliche Fachkonzepte* und die im Zuge der intuitiven Physik (Krahn 2005, S. 24–60) erworbenen *Präkonzepte* wenige Schnittmengen (Wiesner, Schecker, Hopf 2013, S. 29–47). So reizvoll ein Ausgehen vom Vorwissen der Lernenden auch sein mag (Wagenschein 2010 A, S. 75–94), stellten die meisten Präkonzepte eher Hinderungsgründe für fachliches Lernen dar (Kraska, Teuschner 2013, S. 42 f.). Kognitionspsychologische Modelle sensibilisieren für die umfangreichen Bedingungen, an die so ein Wechsel gebunden ist (Nadelson et al. 2018, S. 171). Ein entsprechendes Angebot soll einen breiten Erfahrungsraum, Möglichkeiten der Gestaltung, notwendiges Wissen zur Verfügung stellen, Prozesse moderieren, individuelle Lernprozesse begleiten und Möglichkeiten bieten, neue Konzepte breit zu erproben sowie zu erkunden (Grygier, Günther, Kircher 2007, S. 33). Vor diesem Hintergrund scheinen weder rein erkundende Formate, wie die *Forscherecke* (Schlag 2009), noch *instruktive Spielarten,* wie der Ansatz von Lück (2005, S. 25–33), singulär geeignet.

6. Auf Seiten der pädagogischen Fachkräfte gibt es durchaus als problematisch zu beurteilende Ausgangsvoraussetzungen zur Anbahnung einer naturwissenschaftlichen Bildung bei den Kindern.
Die Ausgangssituation ist im Hinblick auf zwei Aspekte als problematisch zu beurteilen. Zum einen zeigen pädagogische Fachkräfte, genauso wie Lehrkräfte der Primarstufe (Wagner 2016, S. 117), ausgeprägte Berührungsängste mit Fragen naturwissenschaftlicher Bildung (Zimmermann 2011). In der eignen Wahrnehmung sind diese Probleme weniger didaktischer, sondern eher fachwissenschaftlich-inhaltlicher Natur (Kuhn, Lankes, Steffensky 2011). Zum anderen zeigen pädagogische Fachkräfte deutliche Defizite im Bereich des *Professionswissens* (Aktionsrat Bildung 2012, S. 62–64), welche die Möglichkeit der Realisierung komplexerer Arrangements unwahrscheinlich erscheinen lassen. Verwiesen sei hier exemplarisch auf Defizite im Bereich des Feldes der Beobachtung (Ruppin et al. 2015) oder auch der subjektiven Überzeugungen im Kontext des Bildungsbegriffes (von Büllow 2011).

7. Die vorliegenden Ansätze naturwissenschaftlicher Grundbildung in der Kindertagesstätte stellen die Qualifizierung pädagogischer Fachkräfte als das zentrale

Implementationsmodell für entsprechende Bildungsangebote bei den Kindern dar. Organisationale Fragen bleiben in diesem Kontext weitgehend unberücksichtigt.

Fortbildungen des pädagogischen Personals sind unbestreitbar ein wichtiger Faktor zur Förderung naturwissenschaftlicher Bildung. Sie dienen dem Abbau von Berührungsängsten und dem Aufbau fachwissenschaftlich-naturwissenschaftlichem sowie didaktischem Wissen. Damit reagiert ein solches Fortbildungsangebot auf geänderte Rahmenbedingungen im Feld (Viernickel, Voss, Mauz 2017, S. 17). Fortbildungen stellen zwar prinzipiell ein wirksames Instrument zur Professionsentwicklung der pädagogischen Fachkräfte dar (Lipowsky 2010). Damit dies erreicht werden kann, müssen die Fortbildungsangebote bestimmte Bedingungen erfüllen. Ein wesentlicher Punkt ist dabei die inhaltliche Rückbindung an die Arbeit in der Organisation (Lipowsky 2010, S. 51; Rzejak 2012). Es erscheint naheliegend an diese Ebene individuellen Lernens organisational anzudocken – mit dem Ziel, die Umsetzungsrate von Fortbildungsinhalten organisational zu unterstützen. Denkbar wäre hier zum Beispiel Fragen der Zusammenarbeit im Inhaltsfeld abzustimmen, zum Beispiel durch deren Einarbeitung in die *Konzeption* (Bendt, Erler 2009). Vor dem Hintergrund einer anzustrebenden *Qualitätsorientierung*, verstanden als das Ziel einer Organisation, bestimmte Qualitätsvorstellungen in der alltäglichen Arbeit zu erreichen (Pasternack 2004, S. 9), ist es weiterhin sinnvoll, diesen Bildungsbereich in allgemeine Maßnahmen der *Qualitätssicherung und -entwicklung* einzubeziehen (Asmussen 2013, S. 85–93).

Weiterführende Literatur

Leuchter, M. (2017): *Kinder erkunden die Welt – Frühe naturwissenschaftliche Bildung und Förderung*. Stuttgart: Kohlhammer.

Douglas, A. R.; Bybee, R. W. (2014): Scientific Literacy, Science Literacy and Science Education (S. 545–558). In: Lederman, N. G.; Abell, S. K. (Hrsg.): *Handbook of Research on Science Education*. New York: Routledge.

Stieve, C. (2013): Anfänge der Bildung – Bildungstheoretische Grundlagen der Pädagogik der frühen Kindheit (S. 51–70). In: Stamm, M.; Edelmann, D. (Hrsg.): *Handbuch frühkindliche Bildungsforschung*. Berlin: Springer.

Kunz, P. (2016): Das (unbekannte) Wesen der Naturwissenschaften. In Metzger, S.; Colberg, C.; Kunz, P. (Hrsg.): *Naturwissenschaftsdidaktische Perspektiven – Naturwissenschaftliche Grundbildung und didaktische Umsetzung im Rahmen von SWISE*, Band 1. Bern: Haupt.

Zimmermann, M. (2011): *Naturwissenschaftliche Bildung im Kindergarten – Eine integrative Längsschnittstudie zur Kompetenzentwicklung von Erzieherinnen*. Berlin: Logos.

Kraska, L.; Teuzscher, L. (2013): *Naturwissenschaftliche Bildung in der KiTa*. München: Reinhardt.

Labudde, P (2013): *Fachdidaktik Naturwissenschaften – 1. bis 9. Schuljahr*. Bern: Haupt.

Reflexionsfragen

1. Arbeiten Sie bitte auf der Basis einer eigenen Recherche die im Text angedeutete Differenz von *Scientific Literacy* und *Science Literacy* weiter aus.
2. Konzeptualisieren Sie bitte ein beispielhaftes Angebot naturwissenschaftlicher Grundbildung, welches dem Ansatz der *Selbstbildung* verpflichtet ist. Erläutern Sie in diesem Zusammenhang bitte die Ziele, die methodische Umsetzung und insbesondere die Rolle der pädagogischen Fachkraft.
3. Erläutern Sie bitte anhand eines exemplarischen Freihandversuches, wie die Kinder an diesem Beispiel Wissen über *Nature of Science* entwickeln können.
4. *Sustained Shared Thinking* ist im Ansatz einer ENB ein zentrales Konzept. Bitte schildern Sie die in diesem Zusammenhang erforderliche Haltung der pädagogischen Fachkraft.
5. Erläutern Sie bitte anhand des *Dynamic Model of Conceptual Change (DMCC),* welche Voraussetzungen für einen Konzeptwechsel erfüllt sein müssen.

Kapitel 2
Konzeptionelle Grundlagen der naturwissenschaftlichen Bildungsarbeit mit Kindern im Elementarbereich

Im Anschluss an die Darstellung des Forschungsbestandes zu Fragen der naturwissenschaftlichen Grundbildung im Elementarbereich und der Ableitung zentraler Thesen für die konzeptionelle Entwicklung eines Ansatzes steht nun dessen Skizze im Mittelpunkt der Betrachtung.

Ziel ist es, im Kontext dieses Textteils den Ansatz einer ENB zu beschreiben. Auf den fachlichen Ansprüchen einer *Scientific Literacy* (Mikelskis 2010, S. 11–18) basierend, wird in diesem Zusammenhang ein komplexes Setting einer naturwissenschaftlichen Grundbildung in der Kindertagesstätte dargelegt, in dessen Zusammenhang gezielt unterschiedliche didaktische Settings beschrieben werden.

Ausgangspunkt sind dabei zunächst offen-explorierende Zugänge auf der Basis von *Freihandversuchen und Experimentierstationen* (vgl. Abschnitt 2.2.1). In Ergänzung dazu findet eine Begleitung der Kinder in ihrer Auseinandersetzung mit dem Material statt. Ausgangspunkt ist dabei die *Beobachtung* der Kinder. In der Folge gilt es auf der Basis der Beobachtungsergebnisse angemessene *Unterstützungs- und Hilfeformate* zur Verfügung zu stellen (vgl. Abschnitt 2.2.2). In Ergänzung dieser offenen Angebote kommen auch stärker strukturiertere und formalisierte Ansätze zum Einsatz. Konkret werden den Kindern hier *Auswertungsgespräche* und *projektorientierte Zugänge* angeboten (vgl. Abschnitt 2.2.3). Ziel eines solchen an Komplexität und Vielschichtigkeit orientierten didaktischen Vorgehens ist es, möglichst vielfältige Impulse für naturwissenschaftliche Bildungsprozesse im Sinne eines *Conceptual Change* (diSessa 2014, S. 3f.; Zaitchik 2016, S. 71; Wisener, Schecker, Hopf 2013, S. 29–47) zu liefern.

2.1 Elementare Naturwissenschaftliche Bildung (ENB)

Basierend auf der Analyse des im ersten Abschnitt dieser Arbeit dargestellten Forschungsbestandes gilt es hier den Ansatz einer ENB zu beschreiben. Basis dafür sind die Ausführungen im Rahmen der Thesen im Kontext des Textteils 1.4. Die Ausführungen machen insgesamt deutlich, dass ein Ansatz naturwissenschaftlicher Bildung interdisziplinär unterschiedliche Wissensbestände aus der

Fachdidaktik der Naturwissenschaften der Grundschul- und der Elementarpädagogik heranziehen muss. Im Fokus steht daher eine inhaltlich breite Konzeption, die unterschiedliche didaktische Zugänge miteinander kombiniert, um so unterschiedliche Arbeitsweisen und Kompetenzniveaus anzusprechen. In Abbildung 1 auf Seite 8 wird ein Überblick über die unterschiedlichen didaktischen Zugänge gegeben.

Ausgangspunkt ist die Frage der Zielorchestrierung naturwissenschaftlicher Bildung in der Kindertagesstätte. Dabei wird an die internationale Diskussion um das Konzept der *Scientific Literacy* (Mikelskis 2010, S. 11–18) angeknüpft. Naturwissenschaftliche Grundbildung soll in diesen Kontext Orientierung und Beteiligungsmöglichkeiten in Lebenswelten der Kinder bieten, die durch Naturwissenschaften und Technik geprägt sind (Roberts, Bybee 2014, S. 545 f.). Hierzu soll die naturwissenschaftliche Bildung in der Kindertagesstätte einen ersten Beitrag leisten (Bybee 2002, S. 31). Basis dafür sind zunächst naturwissenschaftliche Kenntnisse, also ein Wissen über Begriffe und Konzepte der Naturwissenschaften. Hinzu kommt ein Wissen über Naturwissenschaften als Disziplinen. In diesen Kontext gehören methodische und wissenschaftstheoretische Fragestellungen. Abschließend sind motivationale Aspekte und Haltungsfragen zu nennen. Diese umfassen ethische Grundorientierungen, ein Interesse für Naturwissenschaften und eine prinzipielle kritische Wertschätzung naturwissenschaftlicher Forschung. Ausgehend von der Alltagssituation fließen nun diese drei Aspekte ein, um:

1. naturwissenschaftliche Fragen zu erkennen,
2. Phänomene naturwissenschaftlich zu beschreiben und zu erklären und
3. schließlich mit dem Konzept der Evidenz/Gegenevidenz zu operieren, um auf dieser Basis begründete Handlungsentscheidungen zu treffen (Schiepe-Tiska 2013, S. 193).

Um dieses anspruchsvolle Ziel der Anbahnung erster Grundlagen von *Scientific Literacy* zu erreichen, werden nun gezielt unterschiedliche methodische Zugänge miteinander kombiniert:

Element I: Offen-explorierende Angebote

Die Überlegungen im Kontext des Elementes I knüpfen an eine spezifisch elementarpädagogische Tradition der Gestaltung des Raumes an (Neuß 2013, S. 23–27). Im Fokus steht dabei die Eigentätigkeit der Kinder, ihre Auseinandersetzung mit dem Material mit dem Ziel, eigene Erfahrungen im Umgang mit eben diesem zu machen. Bildungstheoretische Basis ist hier das Konzept der *Selbstbildung* (Schäfer 2011, S. 27). Konzeptionell knüpfen die Überlegungen aus dem Kontext der *Lernwerkstätten* oder *Forscherecken* an (Thesmann 2007; Schlag 2009). In diesem Zusammenhang steht den Kindern didaktisch aufbereitetes Material zur Verfügung. In einer naturwissenschaftsdidaktischen Tradition sind dies zunächst *Freihandversuche* (Schlichting 1996). Hierbei handelt es sich um experimentelle Angebote mit einfachsten Mitteln (Zwiorek 2010, S. 178f.). Zu dem Material erhalten sie eine Versuchsorientierung (Asmussen 2013, S. 40–43), um den grundsätzlichen Aufbau zu verdeutlichen. Es steht ihnen aber jederzeit frei, hiervon auch abzuweichen und eigene Umgehensweisen mit dem Material zu finden.

Um soziale Lernprozess zu fördern, komplexere Phänomene darstellen zu können und umfassendere sinnliche Erfahrungen zu ermöglichen, werden die Freihandversuche durch *größere Versuchsstationen* ergänzt. Die Überlegungen hierzu stammen aus der Naturwissenschaftsdidaktik, insbesondere aus der Didaktik der interaktiven *Science Center* – einem speziellen Typus der naturwissenschaftlichen Museen (Franz-Pittner, Grabner, Bachmann 2011).

Die Stationen sind bewusst einfach und schlicht gehalten, um das Phänomen möglichst klar und transparent hervortreten zu lassen (Kiupel 1999, S. 2818; Schaper-Rinkel, Giesicke, Bieber 2002, S. 1). Anleitungen oder Erklärungen befinden sich nicht an den Stationen (Asmussen 2013, S. 52–55). Auch hier sollen die Kinder ihren eigenständigen Umgang mit dem didaktisch aufbereiteten Material finden.

Element II: Bildungsbegleitung der Kinder

Die Überlegungen im Kontext des zweiten Elementes fokussieren auf elementarpädagogische und naturwissenschaftsdidaktische Traditionen. Im Zentrum steht hier die *Begleitung* der Kinder bei der Auseinandersetzung mit den im Kontext des Elementes I genannten Freihandversuchen und Experimentierstationen. Im Fokus stehen dabei insbesondere drei Aspekte:

1. Ein *zurückhaltend-abwartender Habitus:* Dieser Habitus der pädagogischen Fachkräfte speist sich zum einen aus dem Zugang der *Selbstbildung* (Schäfer 2011, S. 27) und damit zusammenhängenden Konzepten, wie zum Beispiel der *Lernwerkstatt* (Thesmann 2007), zum anderen verweist ein solches Vorgehen auf naturwissenschaftsdidaktische Überlegungen, die die besondere Notwendigkeit eigener Erfahrungen, im Sinne einer naturwissenschaftlichen Propädeutik, betonen (Englert, Kiupel 2012). Insgesamt sind damit drei Aspekte adressiert. Der erste beschreibt die genuine *Zurückhaltung* der Fachkräfte bei der Auseinandersetzung der Kinder mit den Freihandexperimenten und Versuchsstationen. Die Kinder können so eigene Ideen ausprobieren, sich mit anderen Kindern austauschen – kurz selber tätig werden und eigene Erfahrungen im Umgang mit dem Material finden. Sie entscheiden selber, ob, wie, auf welche Art und Weise sowie mit welchen Zielen sie mit dem Material umgehen (Schäfer 2009, S. 21f.). Im Fokus stehen die sinnlichen Erfahrungen mit dem Material, das Nachdenken über die avi-

sierten Themen und der Austausch der Kinder untereinander (Schäfer 2001, S. 12).

2. Die *genaue Beobachtung* der Situation: Ein solcher Habitus bedeutet allerdings keinesfalls ein Raushalten der Fachkräfte. Vielmehr beschreibt er ein Agieren im Hintergrund. Dabei beobachten sie zunächst die Kinder. Wie bereits in Abschnitt 1.3.1 ausgeführt, kommt dafür eine ganze Zahl recht unterschiedlicher Verfahrensweisen in Betracht (von der Beek, Schäfer, Steudel 2006, S. 36–49; Leu et al. 2012; Asmussen 2013, S. 65 f.). Im Kontext des Ansatzes der ENB kommt das Verfahren der *Lerntiefe* (Öhding 2008) zum Einsatz. Grundidee ist es dabei, dass sich in offenen naturwissenschaftlichen Lehr-Lern-Arrangements unterschiedliche Niveaustufen des Umganges mit dem Angebot zeigen. Hierbei lassen sich vier Niveaustufen *(Distanz-, Eingangs-, Übergangs-* und *Durchbruchverhalten)* unterscheiden. Jeder dieser Niveaustufen sind spezifische Handlungsweisen zugeordnet, die beobachtbar sind (Barriliaut 2008). Auf der Basis einer solchen Strukturierung des pädagogischen Raumes können mögliche Hilfestellungen in ihrer Notwendigkeit und Beschaffenheit reflektiert werden.
3. Eine spezifische Form der *Bildungsbegleitung im Diskurs:* Auf der Basis der Situationsbeobachtung kann überlegt werden, wo Hilfestellungen erforderlich sind. Damit sind jedoch keinesfalls fertige Lösungen gemeint (Thesmann 2007). Unterstützung meint hier nicht ein Belehren über die Natur, sondern eine gemeinsame *Suchbewegung* (Wagenschein 1980, S. 263). Im Fokus stehen dabei die Fragestellungen der Kinder, die im gemeinsamen Gespräch geklärt werden können. Die Hilfestellungen sind dabei so zu wählen, dass die Kinder ihr Nachdenken oder ihre Materialerkundung wieder allein oder gemeinsam mit anderen Kindern fortsetzen können. Bildungsbegleitung meint hier also ein Befähigen zum weiteren Arbeiten mit dem Material oder Nachdenken über spezifische Fragestellungen. Eine solche Tradition der Bildungsbegleitung knüpft hier an die Tradition des *Ko-Konstruktivismus* (Kraska, Teuschner 2013, S. 15), das *Sustained Shared Thinking* (Siraj-Blatchford et al. 2002, S. 8) sowie das Konzept der *ruhigen Gespräche* (Wagenschein 2010 A, S. 75–97) an.

Element III: Stärker gelenkte Formate

Die offenen Angebote, welche von den Fachkräften mit dem unter dem Element II skizzierten Stil begleiten werden, sollen durch stärker gelenkte Formate ergänzt werden. Ziel ist es, hier weiterführende Fragestellungen durch ergänzende didaktische Spielarten zu vertiefen. Dazu werden im Rahmen des Ansatzes einer ENB die folgenden zwei Ansätze verfolgt:

1. *Auswertungsgespräche:* Auswertungsgespräche sind ein freiwilliges Zusatzangebot für die Kinder. Sie finden in regelmäßigen Abständen mit einer

kleinen Gruppe von Kindern unter der Moderation von mindestens einer Fachkraft statt. Sie haben eine Dauer von 15 bis 30 Minuten. Ziel ist es, hier Fragestellungen aus dem Kontext der eigenständigen Arbeit zu vertiefen. In der Regel bildet ein Experiment, eine Versuchsstation oder eine naturwissenschaftlich deutbare Situation den inhaltlichen Fokus des Gespräches. Den Zielen einer *Scientific Literacy* (Schiepe-Tiska 2013, S. 193) folgend, können unterschiedliche Inhaltsfelder von Bedeutung sein. Beispiele sind Fragen zu einem fachlichen Konzept oder methodische Problemstellungen zum Vorgehen in den Naturwissenschaften. Im Fokus steht dabei die gemeinsame Problembewältigung im Sinne eines *Sustained Shared Thinkings* (Siraj-Blatchford et al. 2002, S. 8). Dabei greifen unterschiedliche Arbeitsmethoden wie zum Beispiel die Bereitstellung von notwendigem Wissen, die Diskussion oder auch das Experimentieren ineinander (Hopf 2012, S. 36; Muckenfuß 1995, S. 343). Der Ablauf solcher Gespräche kann heuristisch anhand von Phasen organisiert werden. Diese reichen von einem Gewinnen der Kinder für Format und Frage, über eine Erkundung und Diskussion bis hin zu einem Lösungsentwurf und dessen Erprobung (Bybee 2009, S. 5).

2. *Projekte:* Im Rahmen von Projekten werden größere Sinnzusammenhänge über einen längeren Zeitraum hinweg bearbeitet (Fthenakis et al. 2012, S. 151–166; Kraska, Teuschner 2013, S. 77–83; Schneider, Oberländer 2012, S. 35 f.). Typisch ist ein Zeitraum von etwa sechs Monaten. Dabei lassen sich unterschiedliche Phasen unterscheiden (Samarapungavan, Mantzicopoulus, Patrick 2008; Howard 2010). Die Moderation liegt in den Händen der Fachkraft, die je nach Projektphase unterschiedliche Rollen innehat (Mikelskis 2010, S. 206–208) und auf ein breites Methodenspektrum zurückgreifen kann. Besonderes Merkmal der Projekte im Kontext der ENB ist der integrativ-interdisziplinäre Charakter der Projektarbeit. Im Fokus der Projektarbeit steht eine übergreifende Fragestellung, die in der Folge aus unterschiedlichen Perspektiven bearbeitet wird. Konzeptioneller Rahmen ist hier das Modell mehrperspektivischen Unterrichts, wie es von *Gesellschaft für die Didaktik des Sachunterrichts (GDSU)* vertreten wird. Im Rahmen der Abbildung 9 (nächste Seite) wird ein Überblick über die Perspektiven gegeben.

   Dabei gilt es die Perspektiven nicht additiv nacheinander zu bearbeiten, sondern die Bearbeitungswege und Ergebnisse ineinander zu verschränken. Das Angebot der Projekte richtet sich in Anbetracht seiner höheren Komplexität insbesondere an die Kinder im Vorschulalter.

Abbildung 9: Modell eines mehrperspektivischen Vorgehens im Rahmen von Projekten (aus: Gesellschaft für die Didaktik des Sachunterrichts (GDSU) 2012, S. 14)

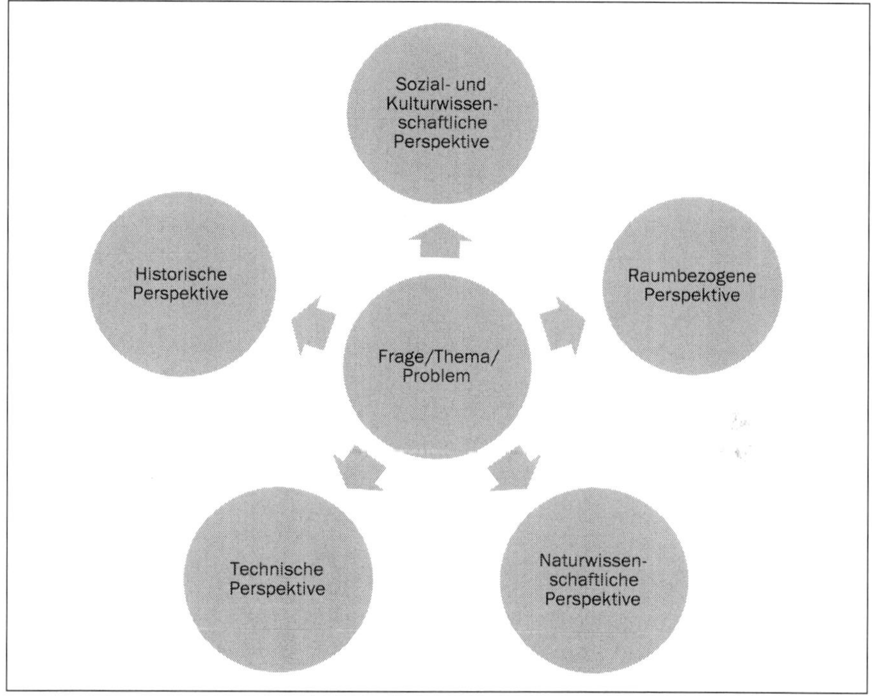

2.2 Elemente des Ansatzes

Ziel des folgenden Textabschnittes ist es, die Elemente des Ansatzes einer ENB im Detail zu beschreiben. Abschnitt 2.2.1 skizziert dabei die offen-explorierende Angebote. Es folgt ein Abschnitt zur Bildungsbegleitung der Kinder (vgl. Abschnitt 2.2.2) und schließlich ein längerer Textteil zu stärker formalisierten und strukturierten Bildungsangeboten (vgl. Abschnitt 2.2.3).

2.2.1 Element I: Offen-explorierende Angebote

Das Element I des Ansatzes einer ENB betont selbstgesteuert-entdeckende Lernprozesse (Hamm 2015, S. 102) und knüpft damit an den Ansatz der *Selbstbildung* (Schäfer 2011, S. 27) an. Konzeptionell orientieren sich die Überlegungen an der *Lernwerkstattarbeit* (Thesmann 2007) und am Ansatz der *ForscherInnenecke* (Schlag 2009). Die Kinder können im Rahmen dieser Angebote selber entscheiden, ob, wann, in welchem Umfang und mit welchen Zielen sie sich mit

Fragen der naturwissenschaftlichen Grundbildung auseinandersetzen (Frantz-Pittner Grabner, Bachmann 2011). Als konkrete didaktische Formen wurden *Freihandversuche* (Zwiorek 2010, S. 178f.) und *Versuchsstationen* (Sommer 2010, S. 41–44) ausgewählt. Die Fachkräfte beobachten die Kinder (Barriault 2008) in ihrer Auseinandersetzung mit dem Material und geben – sofern notwendig – Hilfestellungen (Schäfer 2009, S. 21f.).

2.2.1.1 Freihandversuche

Freihandversuche[8] sind, wie in Abschnitt 1.1.2 dargestellt, eine didaktische Variante des Experimentierens mit Kindern. Innerhalb des Ansatzes der ENB stellen sie eine erste Möglichkeit zur selbsttätigen Auseinandersetzung der Kinder (Schäfer 2009, S. 21f.) mit dem Feld der Naturwissenschaften dar. Freihandversuche wurden schon in der Antike beschrieben. Sie waren aber in der Regel kein didaktisches Material, sondern dienten Unterhaltungszwecken. Erst in der jüngeren Vergangenheit sind sie zu einem didaktischen Element zur ‚Belebung' von Bildungsangeboten geworden. Für Freihandversuche finden sich in der didaktischen Literatur viele Namen:

- *Minimale experimentelle Aufbauten* (Zwiorek 2010, S. 178f.)
- *Hands-on-Versuche* (Schlichting 2000, S. 155)
- *Low-Cost-Versuche* (Backes et al. 1997, S. 27)
- *Experimentelle Minimalversuche* (Schlichting 1996, S. 141)

Im Kern zeichnen sich diese Versuche durch drei zentrale Merkmale aus:

1. Verwendung von Alltagsmaterialien
2. Qualitative Herangehensweise, wobei auch quantitativ-messende Zugänge möglich sind
3. Besonders einfache experimentelle Aufbauten (Schlichting 1996)

Neben dem bereits in Abschnitt 1.1.2 genannten Beispiel stellt der in Abbildung 10 dargestellte Aufbau einen typischen Freihandversuch dar.

---

8 Im Rahmen der Überlegungen zum Ansatz *einer* ENB soll nicht der in Abschnitt 1.1.2 dargestellten Systematik unterschiedlicher Begriffe für den Einsatz von Experimenten gefolgt werden (Hartinger et al. 2013, S. 4–7). Eine solche Systematik geht einseitig vom Idealbild des Kritischen Rationalismus aus (Kosler 2017, S. 116) und verkennt, dass das Experiment im Forschungsprozess unterschiedliche Funktionen einnehmen (Murmann, Krumbacher 2007, S. 293) kann. Die Begriffe Experiment und Versuch sowie zugehörige Verben werden daher im Rahmen dieser Arbeit synonym verwendet.

Abbildung 10: Freihandversuch *verliebte Tischtennisbälle* (Projekt *Versuch macht klug*)

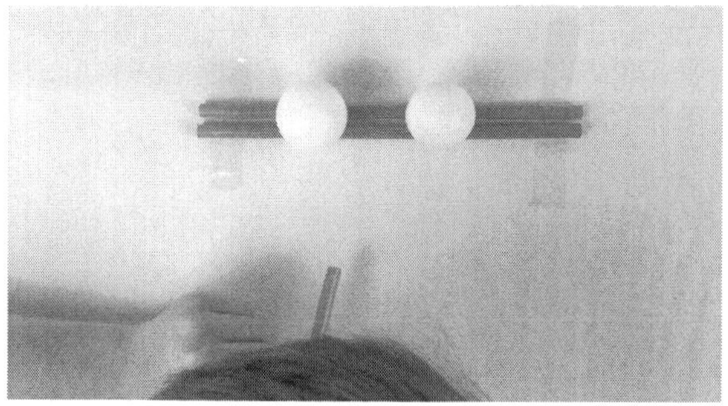

Auf zwei parallel zueinander aufgeklebten Strohhalmen gleiten zwei Tischtennisbälle. Diese werden im Abstand von etwa fünf Zentimetern positioniert. Pustet man nun mit einem Strohhalm in diese Lücke zwischen den Bällen, so entfernen sich diese nicht etwa von einander, sondern bewegen sich aufeinander zu.

Freihandversuche in diesem Sinne bergen in der Bildungsarbeit mit Kindern Chancen, aber auch Grenzen. Diese werden im Rahmen der Tabelle 5 einander gegenübergestellt:

Tabelle 5: Vor- und Nachteile von Freihandversuchen (nach Backes et al. 1997, S. 23)

Chancen	Grenzen
Preisgünstige Versuche	Teilweise schlechtes Funktionieren der Versuche
Leichte Materialbeschaffung	Oft nur qualitative Auswertungsmöglichkeiten
Geringer experimenteller Aufwand	Hoher thematischer Spezialisierungsgrad
Lebensweltnähe für Fachkraft und Kind	Teilweise geringe Möglichkeiten der Variablenmanipulation
Emotional-motivationales Ansprechen	Nicht immer gegebene Reflexion von Sicherheitsrisiken

Mit Blick auf Tabelle 5 erscheinen Freihandversuche durchaus als attraktives didaktisches Format. Die Seite potentieller Nachteile macht deutlich, dass eine gezielte und didaktisch reflektierte Auswahl der Versuche erforderlich ist, um zum Beispiel Sicherheitsrisiken kalkulierbar zu halten oder um ein Funktionieren des Versuches im intendierten Sinn zu garantieren.

2.2.1.1.1 Auswahlkriterien

Die Ausführungen des vorherigen Kapitels zeigen, dass Freihandversuche besonders sorgsam ausgewählt werden müssen. Erstaunlicherweise spielt diese Fragestellung in der aktuellen didaktischen Literatur eine eher untergeordnete Rolle (Leuchter 2017; Kraska, Teuscher 2013; Kauertz 2012). Dennoch finden sich Kriterienkataloge, anhand derer die Eignung eines Freihandversuches für dem Elementarbereich eingeschätzt werden kann (Schließmann, Clausen, Öhding 2014, S. 18f.). Besonders bekannt sind in der pädagogischen Praxis die Überlegungen von Lück. Sie legt folgende Kriterienkompilation vor:

1. *Preisgünstiges und einfach zu beschaffendes Material:* In der Regel sollten alle Utensilien kostengünstig in Geschäften des täglichen Gebrauches zu erwerben sein.
2. *Verlässlichkeit und Reproduzierbarkeit der Versuche:* Ein geeigneter Versuch muss sicher und ohne größere Aufwände funktionieren und widerholt werden können.
3. *Ausreichende Beachtung von Sicherheitsfragen:* Aus einem Versuch dürfen keine, über die des üblichen Alltages in einer Kindertagesstätte hinausgehenden, Gefahren entstehen.
4. *Nicht zu hohe motorische Anforderungen an die Kinder:* Der Versuch darf keine zu großen Anforderungen an das experimentelle Geschick der Kinder stellen.
5. *Rasche Durchführbarkeit der Experimente:* Ein Versuch sollte möglichst rasch ein konkret wahrnehmbares Phänomen produzieren und so der Aufmerksamkeitsspanne von Kindern Rechnung tragen. (ebd. 2009, S. 148–152)

Über die Anforderungen hinaus werden im Kontext des Ansatzes einer ENB die folgenden Anforderungen an einen Versuch gestellt:

1. *Vollständigkeit:* Der Argumentation von Lück folgend, spielen in der Praxis der naturwissenschaftlichen Bildung in der Kindertagesstätte insbesondere Fragestellungen der belebten Natur eine Rolle (ebd. 2013, S. 557). Eine ähnliche Argumentation findet sich auch bei Steffensky. Sie betont, dass neben Fragestellungen der belebten Natur insbesondere auch die der unbelebten Natur thematisiert werden sollen (ebd. 2017, S. 28), die hier im Fokus der Betrachtung stehen.
2. *Exemplarität:* Ein von Backes et al. formulierter Einwand gegen eine ganze Zahl von Freihandversuchen sei deren teilweise extrem hohe Spezifität in Bezug auf die Modellbildung (ebd. 1997, S. 23). Diesen Kritikpunkt gilt es in der Auswahl der Versuche zu bedenken und entsprechend solche zu ver-

wenden, die *naturwissenschaftliche Basiskonzepte* adressieren (Michaels, Shouse, Schweingruber 2008, S. 59f.). Wagenschein spricht in diesem Kontext vom Kriterium der *Exemplarität.* In seinen Worten:

> „(…) die Worte, die immer wieder auftauchen, wenn das Gespräch um das Exemplarische kreist: stellvertretend, abbildend, repräsentativ, prägnant, Modellfall, mustergültig, beispielhaft, paradigmatisch (…)." (ebd. 2010 A, S. 32)

Klafki nimmt diese Forderung im Rahmen seiner bildungstheoretischen Überlegungen auf. Hier gilt es Inhalte, beziehungsweise in unserem Falle Experimente, so auszuwählen, dass an ihnen Grundlegendes über das jeweilige Fachgebiet erfahren werden kann (ebd. 2005, S. 8).

3. *Einbettung:* Der Fokus im Kontext dieses Kriteriums liegt auf der Frage der inhaltlichen Einbettung der Versuche in einen übergreifenden Lernprozess. Hier steht also die Frage im Mittelpunkt, welche Bildungsabsicht mit dem jeweiligen Versuch verfolgt wird. Am konsequentesten setzt diese Anforderung bislang Lück um, die die Versuche zu inhaltlichen Einheiten kompiliert (ebd. 2009, S. 108–171). Ein solches Vorgehen scheint vor dem Hintergrund des offen-explorierenden Anspruch als nicht passend. Vielmehr wird hier auf das Konzept der *Phänomenkreise* zurückgegriffen. In diesem Zusammenhang gilt es eine Zahl von Versuchen zu einem Phänomenbereich zu vereinen (Spreckelsen 1997, S. 125; ebd. 2006, S. 9), um den Kindern so unterschiedliche Zugänge zum Phänomen zu ermöglichen und in der Folge das Nachdenken über theoretische Grundlagen zu erleichtern (vgl. Abschnitt 2.2.1.1.2).
4. *Manipulierbarkeit und Klarheit:* Freihandversuche sollten weiterhin so ausgewählt werden, dass solchen der Vorrang eingeräumt wird, die ein möglichst übersichtliches experimentelles Setting aufweisen. Es gilt das Phänomen möglichst *transparent* hervortreten zu lassen. Ferner sollten in dem Versuch klar erkennbar eine oder mehrere abhängige sowie mehrere unabhängige Variablen vorhanden sein. Letztere müssen dabei einfach zu manipulieren sein. Für die abhängigen Variablen gilt das Gebot der leichten Beobachtung zumindest qualitativer Veränderungen (Carnap 1986, S. 49; Schulz, Wirtz, Staruschek 2012; Abruscato, DeRosa 2010, S. 51 f.).
5. *Effektproduktion:* Abschließend sollten die ausgewählten Freihandversuche einen Effekt beziehungsweise ein Phänomen produzieren, welches nicht nur klar beobachtbar, sondern idealerweise verblüffend oder kontraintuitiv ist, wie das Zusammengleiten der *verliebten Tischtennisbälle* (vgl. Abschnitt 2.2.1.1). Für diese Forderung sprechen auch die empirischen Ergebnisse von Dhein, die insbesondere die Erlebnisse im experimentellen Setting als aus der Sicht der Kinder zentral herausstellt (ebd. 2011, S. 422). (Asmussen 2013, S. 48–50; Schließmann, Clausen, Öhding 2014, S. 18f.)

2.2.1.1.2 Didaktische Aufbereitung

Die offen-explorierenden Angebote sind Bestandteil der alltäglichen Arbeit in der Kindertagesstätte. Sie stehen den Kindern zur freien Verfügung. Dies kann im Rahmen einer *ForscherInnenecke* (Schlag 2009) oder auch einer Lernwerkstatt (Thesmann 2007) geschehen. Parallel werden immer die Freihandversuche *eines Phänomenkreises* präsentiert. Hierrunter sind, wie bereits an unterschiedlichen Stellen angedeutet, thematisch zusammengehörige Versuche zu verstehen. Etwas genauer:

> „Phänomenkreise bestehen aus einer Reihe von ‚strukturell identischen' Experimenten, denen das gleiche physikalische Funktionsprinzip unterliegt (...). Ein einzelnes Phänomen muss dann (...) nicht durch Einlagerung in eine (...) geistige Struktur verstanden werden, sondern eine solche entsteht im Vergleichen mehrerer strukturell identischer Phänomene untereinander." (Lange 2010, S. 21)

Im Fokus steht damit die Möglichkeit des Vergleiches über unterschiedliche Freihandversuche hinweg. Bewährt haben sich fünf bis sieben Freihandversuche je Phänomenkreis. Jeder Versuch ist dabei in einer separaten Kiste untergebracht. Diese stehen wiederum zusammen auf einem Tisch oder Regal. Das Aufbauprinzip innerhalb der Kisten ist stets identisch und basiert auf drei Elementen:

1. *Innenkiste:* In dieser befindet sich das Basisversuchsmaterial, also das Material, welches man für den Grundaufbau des Versuches benötigt.
2. *Versuchsorientierung:* Hierbei handelt es sich um ein laminiertes Bild, welches den grundlegenden Versuchsaufbau zeigt.
3. *Außenkiste:* In dieser befindet sich ergänzendes Material zur Manipulation von Variablen. (Asmussen 2013, S. 50–52)

Der Aufbau wird anhand von Abbildung 11 (nächste Seite) am schon genannten Beispiel der *verlöschenden Kerzenflamme* verdeutlicht.

In der Innenkiste befinden sich ein tiefer Teller, ein Teelicht, ein Krug und Stabfeuerzeug. Auf der Versuchsanleitung ist der prinzipielle Versuchsaufbau abgebildet. Als Zusatzmaterial befinden sich unterschiedlich große Gläser und Kerzen in der Kiste.

In dieser Art werden alle Versuche des *Phänomenkreises* aufbereitet. So stehen den Kindern gleichzeitig immer fünf bis sieben Versuche zu einem Phänomenbereich zur Verfügung. Die Phänomenkreise (Spreckelsen 1997, S. 125) werden etwa alle drei Wochen ausgetauscht. Beispiele zu Phänomenkreisen gibt Spreckelsen (2006). In der Kindertagesstätte bewährte Freihandversuche finden sich auf der Homepage www.versuchmachtklug.net:

Abbildung 11: Freihandversuch *verlöschende Kerzenflamme*

Die Fachkräfte lassen den Kindern große Freiräume im Umgang mit dem Material, halten sich im Hintergrund (Schäfer 2009, S. 21 f.) und beobachten die Kinder nach dem Verfahren der *Lerntiefe* (Barriliaut 2008).

Die Hilfestellungen der pädagogischen Fachkräfte beziehen sich zum einen auf die Sicherstellung geordneter Abläufe beim Experimentieren. Zum anderen sind auf der Basis der Beobachtung der Situation auch Hilfestellungen möglich. Bei diesen Impulsen ist jedoch zu beachten, dass diese das kindliche Denken unterstützten und keinesfalls kindliche Aktivitäten durch vorschnelle Lösungen abbrechen. Die Kinder entscheiden selber, ob, wann und mit welchem Ziel sie sich mit den Versuchen befassen wollen. Dafür schaffen die pädagogischen Fachkräfte einen Rahmen, der ein entspanntes Arbeiten ermöglicht (Schäfer 2009, S. 21 f.).

2.2.1.2 Stationen

Versuchsstationen stellen, neben Freihandversuchen (vgl. Abschnitt 2.2.1.1), ein zweites zentrales Element innerhalb der offen-explorativen Formate des Ansatzes einer ENB dar.

Diese teilweise auch interaktive Experimentierstationen (Sommer 2010, S. 41–44) oder *phänomenorientierte Inszenierungen* (Frantz-Pittner Grabner, Bachmann 2011, S. 11) genannt, sind dabei ein eher wenig verbreiteter Ansatz innerhalb der naturwissenschaftlichen Grundbildung im Elementarbereich (Leuchter 2017; Kraska, Teuscher 2013).

Wesentlicher didaktischer Bezugspunkt der Versuchsstationen ist die Didaktik der *Science Center* – ein spezifischer Typus naturwissenschaftlicher Museen, deren Intention weniger darin besteht, Artefakte zu sammeln und auszustellen, sondern vielmehr darin, Erfahrungsangebote aus dem Kontext der Naturwissenschaften zu ermöglichen (Traub 2003, S. 16–22). Dabei liegt der Fokus, in Anlehnung an Dewey, auf Lernprozessen, die das freundvolle Erleben in den Mittelpunkt rücken (Ansbacher 1998, S. 39 f.). Reinhardt bezeichnet diesen Vorgang als *Edutainment* (ebd. 2005).

Hiervon ausgehend zeichnen sich *Versuchsstationen* zunächst durch folgende Charakteristika aus:

1. Es handelt sich um größere, konstruktive Aufbauten. Hier besteht der Anspruch, dass eine kleinere Gruppe von Menschen gemeinsam an einer Versuchsstation arbeiten kann.
2. Versuchsstationen rufen Phänomene so hervor, dass eben dieses für die an ihnen arbeitenden Kinder möglichst umfassend und präzise wahrnehmbar wird. Dabei soll der experimentelle Aufbau ohne größeren präparativen Aufwand immer wieder wiederholt werden können. Versuchsstationen bringen so die Kinder, die an ihnen arbeiten, mit dem Phänomen in Kontakt.
3. Die Versuchsstation soll über die konkrete Effekterstellung hinaus so angelegt sein, dass an ihnen auch systematischere Arbeitsprozesse im Sinne von Variablenmanipulationen (vgl. Abschnitt 1.1.2) möglich werden.
4. Neben dem konkreten experimentellen Handeln steht die Reflexion über das erzeugte Phänomen im Vordergrund. Die Station soll ein Befragen und Reflektieren von Phänomenen im Sinn einer Modellbildung (vgl. Abschnitt 1.1.2) ermöglichen. (Hamm 2015, S. 95–98; Frantz-Pittner Grabner, Bachmann 2011; Sommer 2010, S. 41–44)

2.2.1.2.1 Didaktische Überlegungen

Von dem in Abschnitt 2.2.1.2 geschilderten Grundverständnis ausgehend, sollen in dem hier vorliegenden Textteil weiterführende didaktische Überlegungen angestellt werden. Gegenstand sind dabei die folgenden Aspekte:

1. Konstruktionsweisen von Versuchsstationen
2. Besondere Potentiale des Einsatzes von Versuchsstationen
3. Empirische Befunde zu Versuchsstationen
4. Vorstellungen zum Lernen an den Versuchsstationen
5. Einsatz von Versuchsstationen in der Praxis

Ad 1: Über die im vorherigen Abschnitt genannten Überlegungen zu deren Charakteristika sind Versuchsstationen im Kontext des Ansatzes der *Elementaren Naturwissenschaftlichen Grundbildung (ENB)* das Ergebnis eines didaktischen Gestaltungsprozesses, der sich an den folgenden Aspekten orientiert:

- *Apparativer Aufbau:* Der Aufbau der Station muss zum einen so beschaffen sein, dass dieser auf die Größe von Kindern abgestimmt ist. Zum anderen sollen auch kleinere Gruppen von Kindern an den Stationen im Sinne eines *sozialen Lernens* arbeiten können (Fiesser 1999, S. 1489). Basis hierfür ist eine hinreichend große Gestaltung der Versuchsstationen. Weiterhin muss der bauliche Aufwand der Stationen durch handwerkliche Laien zu realisieren sein, um deren einfachen Nachbau und damit die Verfügbarkeit in der jeweiligen Kindertagesstätte zu sichern.
- *Aufgabenfokussierung:* An den Versuchsstationen befinden sich keinerlei Anleitungen oder Beschreibungen (Fiesser, Kiupel 1999, S. 1489). Daher muss die Stationen so beschaffen sein, dass sie in der Folge ihrer Konstruktion bestimmte, didaktisch intendierte Handlungsweise nahelegt. Der Aufbau ist daher so gestaltet, dass die Lernenden allein durch diesen an das Phänomen, dessen Bearbeitung und Reflexion herangeführt werden.
- *Offenheit versus Geschlossenheit:* Dabei darf die im obigen Punkt angesprochene Aufgabenfokussierung nicht zu einer völligen Geschlossenheit der Station führen. Vielmehr muss die Möglichkeit von unterschiedlichen Umgängen für die Kinder erhalten bleiben.
- *Transparenz:* Stationen sollen so beschaffen sein, dass diese für die Lernenden durchschaubar sind. Daher wird konsequent auf *versteckte Mechanismen* (Fiesser, Kiupel 1999, S. 1489) verzichtet.
- *Sicherheit:* Die Versuchsstationen sind, genauso wie schon die Freihandversuche (vgl. Abschnitt 2.2.1.1.1), so gestaltet, dass das durch sie hervorgerufene Gefahrenpotential nicht über das Maß der üblichen Gefahrenmomente in einer Kindertagesstätte hinausgeht (Lück 2009, S. 148–152).

Ad 2: Im Anschluss an die prinzipielle Charakterisierung der Versuchsstationen sollen an dieser Stelle die Potentiale eben dieser in Bildungsprozessen herausgestellt werden. Ziel ist es, den Einsatz dieses für die Grundbildung unkonventionellen didaktischen Zuganges vor dem Hintergrund des Ansatzes der ENB zu begründen. Vor diesem Hintergrund können die folgenden konzeptionellen Überlegungen angestellt werden:

1. Die Versuchsstationen bieten durch ihre Größe und den Aufbau die Möglichkeit breite Erfahrungen zu sammeln.
2. Durch den Einbezug bieten sie einen Kontrapunkt zu den oft filigranen und prinzipiell störanfälligen Freihandversuchen (vgl. Abschnitt 2.2.1.1.2). Die Versuchsstationen bieten die Möglichkeit zu *robusteren* experimentellen Vorgehensweisen.
3. Die Versuchsstationen laden durch ihre Größe zum gemeinsamen Experimentieren von mehreren Kindern im Sinne einer Förderung des sozialen Lernens ein (Fiesser 1999, S. 1489).
4. Durch ihre Größe und Gestaltung lenken sie in den Einrichtungen den Fokus auf Fragen der naturwissenschaftlichen Bildung. Dies gilt für die pädagogischen Fachkräfte, die Kinder und die Eltern.
5. Durch das konzeptionelle Merkmal des Nachbaus der Stationen durch die Eltern mit den pädagogischen Fachkräften im Rahmen eines *Bautages* (vgl. Abschnitt 2.2.1.2.2) bieten die Stationen Möglichkeiten für die Teilhabe der Eltern am Alltag der Kindertagesstätte im Sinne einer niedrigschwelligen Elternarbeit (Soppart-Liese 2013).
6. Abschließend bieten die Versuchsstationen die Möglichkeit, auch technisch komplexere Aufbauten zu realisieren, die mit Freihandversuchen (vgl. Abschnitt 2.2.1.1.2) nur schwer dargestellt werden können.

Ad 3: Neben dieser konzeptionellen Argumentation kann auch empirisch argumentiert werden. So zeigen unterschiedliche Literaturkompilationen, dass Versuchsstationen ein wirksames Gestaltungselement in naturwissenschaftlichen Bildungsprozessen sind (Asmussen 2009). Dass dies auch für elementarpädagogische Angebote gilt, zeigen neben den bereits in Abschnitt 1.3.2 erwähnten Analysen von Dhein (2011) auch die videographischen Befunde von Öhding. Ihr gelang es zu zeigen, dass die eigenständige Beschäftigung mit den Stationen zu durchaus angemessenen Erklärungsmodellen führt (ebd. 2008).

Ad 4: Wie bereits in Abschnitt 1.1.2 ausgeführt, liegen für die Lernprozesse an Versuchsstationen unterschiedliche Erklärungsmodelle vor. Am intensivsten werden derzeit die Theorie des *Interaktiven Lernens* (Sommer 2010, S. 41–44) und das *Contextual Modell of Learning* (Falk, Storksdieck 2005, S. 747) diskutiert. Insgesamt weisen die vorliegenden lerntheoretischen Begründungsmuster als zentrale Gemeinsamkeit die weitgehende Eigentätigkeit des Individuums im Lernprozess auf. Damit sind die lerntheoretischen Überlegungen hier hoch anschlussfähig an den Ansatz der *Selbstbildung* (Schäfer 2011, S. 27). Die Sachlage stark vereinfachend kann folgende Heuristik angenommen werden. Ausgangspunkte des Lernprozesses an den Versuchsstationen sind:

1. Der *Kontext* (zum Beispiel: pädagogischer Ansatz der Kindertagesstätte, Raumgestaltung, Haltungen der pädagogischen Fachkräfte)
2. Die *lernende Person* (zum Beispiel: inhaltliches Vorwissen, motivationale Lage, prozedurale Fähigkeiten)
3. Die *Gruppe der Peers* (zum Beispiel: Gruppengröße, Grad der Vertrautheit, soziale Interaktion)
4. Die *Versuchsstation* (zum Beispiel: inhaltliches Anspruchsniveau, Art des Phänomens, Anzahl manipulierbarer Variablen) (Falk, Storksdieck 2005, S. 747)

Von diesen Parametern ausgehend müssen zwei Arten der Interaktion unterschieden werden: die zwischen der Person des Lernenden und der Station, die als ein Befragen der Natur verstanden werden kann, und die innerhalb der Gruppe der Lernenden. Damit ergeben sich zwei unterschiedliche Schlüsselstellen der Unterstützung durch die pädagogische Fachkraft:

1. Unterstützung im Kontext der Person-Station-Interaktion
2. Unterstützung der sozialen Interaktion innerhalb der Lerngruppe (Sommer 2010, S. 41–44)

Ad 5: Die Versuchsstationen stellen ein Ergänzungsangebot zu den Freihandversuchen (vgl. Abschnitt 2.2.1.1.2) dar. In Anlehnung an das Vorgehen der MINIPHÄNOMENTA werden diese insbesondere in den gemeinschaftlich genutzten Räumen der Kindertagesstätte aufgestellt (Holst 2005; Sauer 2005). Sie sind dabei nicht in das Prinzip der *Phänomenkreise* (Spreckelsen 1997, S. 125) eingebunden, sind also breiter aufgestellt, um den Kindern ein möglichst umfangreiches Erfahrungsangebot zu bieten. Die pädagogische Begleitung der Kinder an den Stationen ist identisch mit der an den *Freihandversuchen.* Daher sei hier auf den Abschnitt 2.2.1.1.2 verwiesen. Die Versuchsstationen sollten, wie auch die *Freihandversuche,* etwa alle drei Wochen ausgetauscht werden. In der Regel sind drei bis fünf Stationen parallel je Einrichtung ausreichend. Die Überlegungen zu diesem Abschnitt abschließend sollen einige Überlegungen zur *Positionierung* der Versuchsstationen angestellt werden:

1. Die Versuchsstationen stehen, um deren Sichtbarkeit und Verfügbarkeit optimal zu gestalten, in den gemeinschaftlich genutzten Bereichen der Kindertagesstätte.

2. Bei der Positionierung ist zu beachten, dass die Versuchsstationen auch von mehreren Kindern gleichzeitig genutzt werden. Daher ist auf ausreichend Platz um die Stationen zu achten.
3. Abschließend sind bei der Positionierung Sicherheitsüberlegungen zu beachten. Hier gilt es insbesondere Fluchtwege nicht zu verstellen.

2.2.1.2.2 Nachbau der Stationen

Um die Stationen dauerhaft in der Einrichtung verfügbar zu halten, hat sich praktisch bewährt, deren Nachbau durch die jeweilige Kindertagesstätte zu realisieren. Auf der Homepage www.versuchmachtklug.net findet sich eine größere Zahl von in der Praxis der Bildungsarbeit bewährten Stationen, inklusive zugehöriger Bauanleitungen:

Der Bauaufwand variiert je nach Station zwischen zehn Minuten und drei Stunden. Alle Stationen sind so konzipiert, dass sie durch handwerkliche Laien mit einem minimalen Materialeinsatz gebaut werden können.

Praktisch hat sich ein gemeinsamer *Bautag* von Eltern und pädagogischen Fachkräften bewährt. Ideal ist dafür ein größerer Raum. Die Stationen entstehen an im Raum verteilten *Arbeitsinseln* durch Arbeitsgruppen von drei bis fünf Personen. Alle nötigen Werkzeuge werden an einer zentralen Stelle im Raum gelagert. Jede Gruppe kann an einem Tag zwei bis drei Stationen anfertigen.

2.2.2 Element II: Bildungsbegleitung der Kinder

Während im vorherigen Abschnitt die *offen-selbstorganisierten* Elemente des Ansatzes des ENB im Fokus der Betrachtung standen, soll hier nun der Aspekt der *Bildungsbegleitung* thematisiert werden. Diese stellt das Element II des oben genannten Ansatzes dar. Dabei geht es nicht um fertige Lösungen, Erklärungen oder das Unterrichten von Kindern. Vielmehr wird ein mehrschrittiges Verfahren vorgeschlagen. Der erste Schritt ist dabei das im Kontext des Elementes I genannte selbstorganisierte Arbeiten (Traub 2012, S. 48f.) im Sinne von Selbstbildungsprozessen (Schäfer 2011, S. 27; Laewen 2002, S. 22). In dieser Auseinandersetzung mit dem Material werden die Kinder durch die pädagogischen Fachkräfte beobachtet. Diese Beobachtung stellt einen intermediären Raum (Leuzinger-Bohleber, Rickmeyer 2016, S. 47) dar, um anhand eines regelgeleiteten Verfahrens, dem der *Lerntiefe* (Barriault 2008), das Verhalten der Kinder zu verstehen. Auf dieser Basis können dann Unterstützungsleistungen angeboten werden, um *Konzeptwechsel* (Leuchter 2017, S. 64) anzuregen. Dafür werden auf der Basis der naturwissenschaftsdidaktischen Überlegungen Wagenscheins (ebd. 2010) und dem Ansatz des *Sustained Shared Thinkings* (Hopf 2012, S. 43) konkrete Hilfsstellungen gegeben. Diese sind dabei so gehalten, dass sie die Eigentätigkeit des Kindes unterstützen und einen Diskursrahmen eröffnen, in dem die Kinder bei der Bearbeitung ihrer Fragestellungen unterstützt werden.

2.2.2.1 Beobachtung der Kinder

Inhaltlicher Ausgangspunkt der Bildungsbegleitung der Kinder sind die Freihandversuche (vgl. Abschnitt 2.2.1) und Versuchsstationen (vgl. Abschnitt 2.2.2) des Stranges I. An diesen sollen die Kinder, wie in den gerade benannten Abschnitten ausführlich dargestellt, möglichst frei und offen arbeiten. Die Angebote beziehen sich, psychologisch formuliert, auf *forschend-entdeckende Lernformate* (Seel, Hanke 2015, S. 33). Stärker elementarpädagogisch ließe sich hier von einer Dominanz des Konzeptes der *Selbstbildung* sprechen (Schäfer 2011, S. 27; Laewen 2002, S. 22).

Nun wäre es ein Missverständnis, die Zurückhaltung der pädagogischen Fachkräfte so zu interpretieren, dass die Kinder bei diesen Angeboten sich völlig selbst überlassen werden. Pädagogische Fachkräfte haben hier vielmehr die Gelegenheit, aus der Zurückhaltung heraus die Kinder sorgfältig zu beobachten, um punktuelle und passgenaue Hilfestellungen liefern zu können. Im Fokus stehen dabei nicht Antworten, Lösungen oder Erklärungen, sondern eine Unterstützungsleistung, die das eigene Nachdenken der Kinder herausfordern. Diese Unterstützungsangebote werden damit als ein die Eigentätigkeit der Kinder fortführendes Element verstanden (Siraj-Blachtford et al. 2002, S. 8). Sie stehen in der Tradition eines sozialkonstruktivistischen Bildungsverständnisses (Stieve 2013, S. 62f.), welches in Deutschland insbesondere unter dem Stichwort *Ko-Konstruktion* bekannt geworden ist (Asmussen 2019, S. 5–8). Im Ansatz einer ENB werden die beiden bildungstheoretischen Grundpositionen der *Selbstbildung* und *Ko-Konstruktion* damit nicht als sich ausschließende Elemente verstanden. Vielmehr wird ein Sequenzmodell unterstellt, bei dem aus Selbstbildungsprozessen ko-konstruktive Prozesse werden können. Das Scharnier zwischen beiden Elementen stellt eine genaue Situationsbeobachtung dar. Im

Kontext dieses *intermediären Raumes* (Leuzinger-Bohleber, Rickmeyer 2016, S. 47) gilt es zu klären, welche Hilfestellung weiterführend ist.

Basis dafür ist die verfahrensgeleitete Beobachtung der Kinder, verstanden als eine Interpretationsfolie, vor deren Hintergrund die Bemühungen der Kinder verstanden werden können (Cloos 2011, S. 171). Ziel ist es, anhand dieser die Auseinandersetzung der Kinder mit dem Material besser zu verstehen und so die Art der Unterstützungsangebote prüfen zu können (Cloos, Schulz 2011, S. 8; Leu 2011, S. 16; Steudel 2011, S. 144). In diesem Zusammenhang kann auf eine kleinere Zahl prinzipiell geeigneter Verfahren verwiesen werden:

1. *Bildungs- und Lerngeschichten* (Leu et al. 2012)
2. Auszüge aus dem *KOMPIK* (Mayr, Bauer 2014)
3. *Wahrnehmende Beobachtung* (von der Beek, Schäfer, Steudel 2006)
4. Beobachtung der *Lerntiefe* (Barriault 2008)
5. *Testpsychologische Instrumentarien* (Steffensky, Lankes, Carstensen 2012)

Bildungs- und Lerngeschichten sind ein inhaltsoffenes, nur gering strukturiertes Beobachtungs- und Rückmeldeverfahren (Müller, Zipperle 2011). Der Arbeitsaufwand einer regelmäßigen Beobachtung der Kinder ist jedoch sehr hoch, weshalb das Verfahren hier verworfen werden muss. Der *KOMPIK*, ein hochstandarisiertes Beobachtungsverfahren für unterschiedliche Bildungsbereiche (Krause, Mayr 2015), ist zwar unter arbeitsökonomischen Gesichtspunkten geeignet, jedoch sind die im Bereich der Naturwissenschaften erfassten Gegenstandsbereiche zu fragmentarisch, um eine sichere Handlungsorientierung auf dieser Basis zu bieten. Die ersten testtheoretischen Zugänge für das Feld der naturwissenschaftlichen Bildung sind dagegen nicht offenen genug, um in variablen Situationen der naturwissenschaftlichen Grundbildung eingesetzt zu werden (Steffensky, Lankes, Carstensen 2012). Die *wahrnehmende Beobachtung,* ein vollkommen offenes Verfahren (von der Beek, Schäfer, Steudel 2006), ist dagegen höchst fehleranfällig. Dies gilt insbesondere auch vor dem Hintergrund der Überlegungen von Ruppin et al. (2015, S. 147). Das Verfahren der *Lerntiefe* erfüllt dagegen die relevanten Kriterien. Es handelt sich um ein theoriegeleitetes Vorgehen, welches in unterschiedlichen Situationen einsetzbar ist, pragmatisch im Arbeitsaufwand ausfällt und sich schließlich auch schon in der Elementarpädagogik bewährt hat (Öhding 2008). Ausgangspunkt der Überlegungen stellen zwei Grundannahmen dar:

1. Die Auseinandersetzung der Kinder mit dem Material kann unterschiedlich komplex angelegt sein. Gedanklich werden hier unterschiedliche *Lerntiefen,* verstanden als realisierte Komplexitätsebenen, unterstellt.
2. Die Komplexität des Lernprozesses ist beobachtbar. Es lassen sich also anhand bestimmter Merkmale Rückschlüsse auf die Komplexität des zu Grun-

de liegenden Lernprozesses ziehen. Hier wird im Rahmen des Modells von einer unterschiedlichen *Lerntiefe* beziehungsweise Komplexitätsebene gesprochen. (Barriault 2008)

Im Rahmen der Tabelle 6 wird ein Überblick über die unterschiedlichen *Lerntiefen/Komplexitätsniveaus,* den zugehörigen Handlungen der Kinder sowie beobachtbaren Indikatoren gegeben.

Tabelle 6: Das Verfahren der Lerntiefen (nach Asmussen 2013, S. 65f.)

Lerntiefe/ Komplexitätsebene	**Handlungen**	**Indikatoren**
Distanzverhalten	Störung	Das Kind stört andere bei der Beschäftigung mit dem Material.
	Ablehnung	Das Kind lehnt eine Beschäftigung mit den Materialien ab.
	Abbruch	Das Kind bricht seine Auseinandersetzung mit dem Material in einer sehr frühen Phase ab.
Eingangsverhalten	Materialerkundung	Das Kind erkundet das zur Verfügung gestellte Material.
	Effektproduktion	Das Kind ruft durch den experimentellen Aufbau einen Effekt hervor.
	Erlebnisbericht	Das Kind schildert seine Erlebnisse aus dem Experiment. Dabei stehen die Tätigkeitsbeschreibungen im Vordergrund.
Übergangsverhalten	Formalität	Das Kind identifiziert einzelne Variablen im Aufbau.
	Hypothesenbildung	Das Kind greift mindestens eine Hypothese zum Materialangebot auf.
	Isolation	Das Kind liefert Erklärungsansätze für Einzelphänomene. Dabei berücksichtigt es in ersten Zügen die empirischen Befunde und achtet in basaler Form auf die logische Stringenz des Modells.
	Ergebnisbeschreibung	Das Kind stellt seine Arbeitsergebnisse kohärent entlang dem Aufbau des Experimentes und der Modellbildung dar.
Durchbruchverhalten	Hypothesentestung	Das Kind: 1. identifiziert die wesentlichen Variablen im experimentellen Aufbau. 2. kann die zentralen Variablen im Zusammenhang gedanklich orchestrieren. 3. zeigt ein systematisches experimentelles Vorgehen.
	Integration	Das Kind entwirft eine umfassende Erklärung für das Experiment. Diese berücksichtigt systematisch: 1. Evidenz und Gegenevidenz 2. Prinzipien einer widerspruchsfreien Modellgestaltung
	Diskussion	Das Kind: 1. stellt seine Überlegungen umfassend verbal-argumentativ dar. 2. gibt Hinweise zu weiterführenden Experimenten.

Mit Hilfe des Verfahrens können sowohl Kinder als auch zusammenarbeitende Gruppen beobachtet werden. Ziel ist es, im Rahmen einer nicht-teilnehmenden Beobachtung zu einer Einschätzung anhand der Indikatoren zu kommen. Dabei steht weniger das Zuweisen zu einer Kategorie im Vordergrund als vielmehr Ansatzpunkte auf unterschiedlichen *Lerntiefen/Komplexitätsniveaus* zu finden, um auf dieser Basis Unterstützung anbieten zu können. Jede Beobachtungssequenz umfasst etwa zehn bis fünfzehn Minuten. Dabei muss aus einer Beobachtung keine Hilfestellung erfolgen. Dies sollte vielmehr nur dann geschehen, wenn dies situativ sinnvoll erscheint. Anlässe können hier zum Beispiel sein:

1. Fragen des Kindes
2. Frustration des Kindes bezüglich des Arbeitsergebnisses
3. Ungenutztes Potential, also die nicht realisierte Möglichkeit eines Kindes, eine andere, fachlich anspruchsvollere *Lerntiefe/Komplexitätsebene* zu erreichen

Je nach Stufe kommen unterschiedliche Hilfestellungen in Betracht. So kann es auf der Stufe des *Distanzverhaltens* sinnvoll sein, die Motivation zu stützen. Beim *Eingangsverhalten* kann in Anlehnung an die Effektproduktion die Manipulation von Variablen vorgeschlagen werden. Bezüglich des *Übergangsverhaltens* kann ein Durchgehen der Variablen sinnvoll sein und schließlich beim Durchbruchverhalten eine Verallgemeinerung der angewandten experimentellen Strategie. Die zu beobachtenden Kinder wechseln in regelmäßigen Abständen. So werden sukzessive Erkenntnisschritte offenbar.

2.2.2.2 Bildungsbegleitung als Diskurs

Im vorherigen Kapitel wurde das eigenständige, selbstorganisierte Handeln der Kinder als grundlegend für die kindliche Beschäftigung mit Fragen und Problemen aus dem naturwissenschaftlichen Bildungsbereich dargestellt (Schäfer 2011, S. 27; Laewen 2002, S. 22). Wie dort ausgeführt, schließt dies aber keinesfalls eine weiterführende Begleitung der Kinder im Sinne sozialkonstruktivistisch orientierter *Ko-Konstruktionsprozesse* (Asmussen 2019, S. 5–8) aus. Ziel dieser Prozesse ist nicht ein Belehren der Kinder über die Natur, sondern ein gemeinsamer Experimentier-, Denk- und Diskussionsprozess (Siebert 2010). Beobachtung wurde zwischen beiden Zugängen als intermediärer Raum (Leuzinger-Bohleber, Rickmeyer 2016, S. 47) konzipiert. Hier lassen sich die Fachkräfte auf der Basis einer Interpretationsfolie auf den Bildungsprozess ein und reflektieren auf dieser Basis über mögliche Unterstützungsangebote.

Ziel dieses Abschnittes ist es, diese Unterstützungsangebote näher zu beleuchten. Dabei gilt es zunächst den pädagogischen Stil genauer zu fassen und schließlich im Kontext einer Heuristik das Spektrum möglicher Unterstützungsangebote konkret zu umreißen.

Unter einem pädagogischen Stil soll hier ein heuristisch theoriebasiertes Interaktionsmuster zwischen der pädagogischen Fachkraft und dem Kind/den Kindern verstanden werden. Dieser Stil bezieht sich im Falle des Konzeptes der ENB auf die folgenden Diskussionskontexte:

1. Die Naturwissenschaftsdidaktische Tradition in Anlehnung an Wagenschein
2. Das Konzept des *Sustained Shared Thinkings* (Asmussen 2013, S. 61)

Ad 1: Einen ersten Referenzrahmen stellen die naturwissenschaftsdidaktischen Arbeiten Wagenscheins dar. Ausgangspunkt dieser Überlegungen ist der Anspruch Lernenden im Kontext naturwissenschaftlicher Bildungsangebote ein wirkliches Verstehen der Sachverhalte zu ermöglichen, welches auf vorschelle Formalisierungen und inhaltsleere Fachbegriffe verzichtet. Vielmehr steht die lebensweltliche und biographische Anschlussmöglichkeit des Wissens im Vordergrund. Er formuliert dies wie folgt:

> „Dabei ist Tun und Denken getrieben und getragen von der Hoffnung, daß man ‚dahinterkomme'; daß heißt: daß es wieder einmal gutgehe, indem das Seltsame ‚verstanden' werden könne. Und zwar in dem Sinne, daß es bei näherem Zusehen als ein etwas verkleideter ‚alter Bekannter' erweist (…)." (ebd. 2010 B, S. 11)

Um dies zu realisieren, entwirft Wagenschein eine spezifische Konzeption naturwissenschaftlicher Bildung, welche typischerweise durch die drei Schlagworte „genetisch – exemplarisch – sokratisch" (ebd. 2010 A, S. 97) beschrieben wird.

Genetisch bedeutet für Wagenschein bei den Vorerfahrungen der Lernenden, bei ihrer intuitiven Physik (Krahn 2005, S. 24–60), anzusetzen. Er beschreibt diesen Bildungsanlass als einen Zustand der Bedrängung, des Wunsches, den Dingen auf die Spur zu kommen (Köhnlein 1998, S. 14).

Exemplarität formuliert er als ein didaktisches Auswahlkriterium. Wagenschein wendet sich von einem didaktischen Systemdenken ab, welches Inhalte für Bildungsprozesse entlang der Fachsystematik auswählt und möglichst vollständig orchestriert. Vielmehr sollen Inhalte so ausgewählt werden, dass an ihnen grundsätzliche Einsichten in das Fach, genauer seine Fragehaltung, Methoden und Inhalte deutlich werden (Aeschlimann 1999, S. 7). Erneut in seinen Worten: „Das Einzelne, in das man sich hier versenkt, ist nicht Stufe, es ist Spiegel des Ganzen." (Wagenschein 2010 A, S. 32)

Das dritte Element innerhalb der Konzeption ist der *sokratische* Aspekt. Wagenschein verweist mit dieser Anspielung auf die philosophische Tradition der *Mäeutik*. Konzeptionell sind damit *ruhige Gespräche* adressiert, in denen die Lernenden im gemeinsamen Dialog Lösungen, für die ihnen wichtig erscheinenden Fragestellungen, entwerfen (Wagenschein 1980, S. 263). Zentral ist in diesem Zusammenhang eine behutsame Moderation solcher Gespräche, in denen die Fachkraft die Kinder sukzessive bei der Lösung der Frage unterstützt, ohne dabei jedoch den Lernprozess in einer belehrenden Art und Weise an sich zu ziehen (Möller 2001, S. 17). Dabei muss jedoch betont werden, dass dieses Element von Wagenschein am wenigsten präzise herausgearbeitet wurde (von Hentig 2010, S. 13 f.).

Ad 2: Der Diskurs zu Fragen des *Sustained Shared Thinkings* wird als ein elementarpädagogischer Diskurs international geführt. Im Fokus steht dabei eine spezifische Form der Interaktion (Hopf 2012). Siraj-Blatchford et al. definieren *Sustained Shared Thinking* wie folgt:

> „Eine Episode in der zwei oder mehr Personen zusammenarbeiten, um ein Problem zu lösen, ein Konzept zu klären, Aktivitäten zu bewerten oder eine Erzählung fortführen. Beide Parteien arbeiten gedanklich an einer Fragestellung und entwickeln diese systematisch weiter." (ebd. 2002, S. 8 – Übersetzung des Autors)

Diese Form der Interaktion wird als Qualitätsmerkmal elementarpädagogischer Bildungsprozesse (Purdon 2014, S. 3) und als Professionalisierungsdimension für pädagogische Fachkräfte (Meade et al. 2013, S. 8) beschrieben. Die folgende kleine Episode zeigt ein Beispiel einer solchen Interaktion zwischen einer Fachkraft und zwei Kindern:

> Kontext ist ein Spiel mit Wasser. Es schwimmen bereits viele Dinge auf dem Wasser:
> *Junge:* „Guck mal, der Tannenzapfen. Da kommen Blasen heraus."
> *Pädagoge:* „Er dreht sich."
> *Junge:* „Das liegt daran, weil er Luft in sich hat."
> *Pädagoge:* Er nimmt den Tannenzapfen aus dem Wasser und zeigt, während er diesen dreht, auf die Hohlräume im Zapfen. Er sagt: „Wenn die Blasen herauskommen, drehen diese den Zapfen."
> *Mädchen:* Nimmt einen Schlauch und pustet in das Wasser Sie sagt: „Schau mal, Blasen."
> *Pädagoge:* „Was tust Du in das Wasser, damit die Blasen entstehen?"
> *Mädchen:* „Luft" (aus Siraj-Blatchford 2009, S. 2 – Übersetzung des Autors)

Hopf arbeitet das Konzept des *Sustained Shared Thinkings* vor dem Hintergrund der bundesdeutschen Diskussion auf. In diesem Kontext stellt sie fest, dass in diesem Konzept zwei Aspekte zusammenfallen: *ko-konstruktive Prozesse* und der Aspekt des *Scaffoldings* (ebd. 2012, S. 43). Der Aspekt der *Ko-Konstruk-*

tion bezieht sich zunächst auf ein elementarpädagogisches Bildungsverständnis (Fthenakis 2003, S. 27). Im Fokus steht dabei die Interaktion von Fachkraft und Kind. Durch ein Anknüpfen an die Interessen, Themen und Fragen soll es gelingen, in einen Aushandlungsprozess im Sinne einer sozialkonstruktivistischen Didaktik (Stieve 2013, S. 62f.) zu gelangen. Zentrale Voraussetzung ist dabei die Anschlussfähigkeit der kommunikativen Handlungen der Fachkraft an die Handlungs-, Denk- und Interaktionsmuster des Kindes (König 2010, S. 55). Fachkräfte können dabei sowohl gezielt Gespräche initiieren als auch bestehende Kommunikationen fortführen (Fisher 2016, S. 109–112). *Scaffolding* stellt das zweite von Hopf benannte Element dar. Hierunter wird eine temporäre kognitive Hilfestellung verstanden. Ziel dieser Hilfestellung ist eine Weiterentwicklung aktueller kognitiver Muster durch Unterstützungsleistungen. Beispiele sind hier das Vorschlagen von Modellen, die Einforderung von Begründungen oder auch das Aktivieren von Erfahrungen (Leuchter 2017, S. 82f. und 87). *Sustained Shared Thinking* in diesem Sinne eröffnet eine Vielzahl von konkreten Hilfestellungen (König 2010, S. 63, Fisher 2016, S. 113–117). Ziel dieser Unterstützungsangebote ist es, Kinder zu einem vertieften Verstehen zu führen. Handlungsleitend ist dabei das Konzept einer *Scientific Literacy* (Schiepe-Tiska 2013, S. 193). Psychologisch kann dieses Lernen als ein *Conceptual Change* (diSessa 2014, S. 3f.; Wisener, Schecker, Hopf 2013, S. 29–47) konzipiert werden (vgl. Abschnitt 1.1.3).

Basierend auf diesen beiden Diskussionskontexten kann eine Vielzahl von konkreten Unterstützungsangeboten für den Ansatz einer ENB konzipiert werden. Im Kontext der Tabelle 7 wird ein Überblick über unterschiedliche Unterstützungsangebote gegeben.

Tabelle 7: Unterstützungsangebote in ko-konstruktiven Prozessen (nach Fisher 2016, S. 113–116) (Fortsetzung auf den nächsten Seiten)

Unterstützungskategorie	**Unterstützungsvariante**	**Beschreibung**
Materielle Unterstützung	Ergänzungsversuche	Bereitstellung ergänzender Versuche, um einen Phänomenbereich erneut darzustellen und so die Erfahrungsbasis zu vergrößern.
	Weiterführendes Experimentiermaterial	Hier steht die Ausgabe zusätzlicher Materialien zur gezielten Manipulation von Variablen im Mittelpunkt.
	Zusatzmaterial	In dieser Unterstützungsvariante werden unterstützende Recherchetechniken genutzt. Gut eignen sich hier Bücher, Zeitschriften oder auch Online-Materialien.

Unterstützungskategorie	Unterstützungsvariante	Beschreibung
Strukturierende Unterstützung	*Scaffolding*	*Scaffolding* meint, wie in diesem Abschnitt ausgeführt, das Bereitstellen von kognitiven Hilfsangeboten. Dies können konkret sein: Zusammenfassungen, das Kontrastieren von Positionen, das Lenken durch Fragen, ein lautes Denken der pädagogischen Fachkraft, ein verbales Begleiten kindlicher Handlungen, ein Spezifizieren von Problemen oder auch ein Lenken der Aufmerksamkeit im experimentellen Prozess etc.
	Skizzen	Zur Illustration von Sachverhalten können von der pädagogischen Fachkraft und dem Kind gemeinsam Skizzen zu ausgewählten Sachverhalten angefertigt und diskutiert werden.
	Gegenständliche Modelle	Auch gegenständliche Modelle dienen der Illustration von Sachverhalten. So können zum Beispiel Aggregatzustände von Stoffen durch einen Rahmen mit Murmeln dargestellt werden.
Instruktive Unterstützung	Vorwissen klären	Im Kontext dieser Unterstützung steht die Aktivierung des Vorwissens der Kinder im Vordergrund. Dabei wird auf vorherige Experimentelle Handlungen, Vorerfahrungen und Kenntnisse verwiesen – mit dem Ziel, diese mit dem aktuellen Feld zu verknüpfen.
	Basismodelle erarbeiten	In diesem Zusammenhang gilt es mit den Kindern Basisvorstellungen zu entwickeln, die notwendig sind, um zu einem Verstehen des Sachverhaltes zu gelangen. Eine solches grundlegendes Modell wäre die Vorstellung, dass Materie aus kleinen Teilen besteht.
	Pertubation	Unter der *Pertubation* wird hier, im Sinne des biologischen Konstruktivismus, eine Systemirritation verstanden (Luhmann 1996, S. 10; Simon 2006, S. 51–55). Naturwissenschaftsdidaktisch ist damit die Irritation eines subjektiven Erklärungsmusters gemeint, indem dessen Grenzen demonstriert werden. Meint ein Kind, dass das Schwimmen von einer Knete als Boot auf die Masse von eben diesem zurückzuführen sei, so formt man eine Kugel – die dann natürlich bei gleicher Masse untergeht (Jonen, Möller, Hardy 2003, S. 97–103).
Transferunterstützung	Allgemeine Prinzipien finden	Im Fokus steht hier die Verallgemeinerung der kindlichen Überlegungen, zum Beispiel des Beschreibens und Erklärens eines Phänomens über die unterschiedlichen Versuche des *Phänomenkreises* (vgl. Abschnitt 2.2.1.1.2) hinweg oder im Hinblick auf allgemeine Funktionsprinzipien des Prozesses des Experimentierens.
	Lebensweltüberträge	Ziel ist es, hier Erfahrungen aus der naturwissenschaftlichen Bildung auf die *Lebenswelt* zu übertragen, also eine Verbindung zum Beispiel zwischen dem Phänomenbereich des Schwimmens, Schwebens und Sinkens mit einem Schwimmbadbesuch herzustellen.

Unterstützungskategorie	Unterstützungsvariante	Beschreibung
Motivationsunterstützung	Begeisterung schaffen	Ziel ist hier, im Dialog die eigene Faszination für den Phänomenbereich oder auch für Lösung des Kindes deutlich zu machen, um das Kind so zum weiteren Arbeiten zu motivieren.
	Volitionale Unterstützung	Ziel ist es, hier regulierend in die Handlungs-, Diskussions- oder Denkprozesse einzugreifen, um die Fokussierung im Rahmen dieser zu fördern (Goschke 2017, S. 253–255). Geeignet sind hierfür Techniken wie zum Beispiel lautes Denken oder das Geben von Hinweisen.
Regulative Unterstützung	Sicherheit und Ruhe gewährleisten	Im Fokus dieses Unterstützungsprozess steht das regulative Eingreifen in Gruppenprozesse, um für alle Seiten ein entspanntes Arbeiten zu ermöglichen. Ziel ist es, in diesem Rahmen ein ruhiges Arbeiten der Kinder zu fördern und auch ein Bewusstsein für Fragen der Sicherheit beim Experimentieren zu schaffen.
	Konflikte bearbeiten	In dieser letzten Unterstützungsform geht es darum, konfliktäre Prozesse, wie zum Beispiel Differenzen bezüglich der Experimentiermaterialien, zu bearbeiten.

Dabei kann der konkrete Unterstützungsprozess zur eigenen Orientierung in drei Phasen gegliedert werden:

1. *Einstieg:* Hier wird die Unterstützung auf der Basis der Ergebnisse der Beobachtung (vgl. Abschnitt 2.2.2.1) konkret begonnen. Die pädagogische Fachkraft tritt also aus ihrer zurückhaltend-abwartenden Haltung hervor und bietet eine konkrete Unterstützungsleistung an.
2. *Phase der Arbeit:* In dieser Phase findet die konkrete Unterstützung des Kindes auf der Basis der unterschiedlichen in Tabelle 7 genannten Alternativen statt.
3. *Ausstieg:* Hier blicken die pädagogische Fachkraft und das Kind/die Kinder nochmals auf den Unterstützungsprozess. Neben der Frage, was gedacht, getan und besprochen wurde, steht dabei eine zweite Frage im Vordergrund, wie zufrieden das Kind/die Kinder mit dem bisherigen Arbeitsergebnis sind. Die pädagogische Fachkraft soll in dieser letzten Phase Anschlüsse für die Weiterarbeit schaffen, welche in Eigenregie der Kinder oder auch als erneutes Unterstützungsangebot erfolgen kann. (König 2010, S. 52f.)

2.2.3 Element III: Stärker gelenkte Formate

Der Ansatz der ENB stellt einen mehrschichtigen didaktischen Zugang zum Feld der naturwissenschaftlichen Bildung in der Kindertagesstätte dar. Nachdem in den vorherigen Kapiteln offen-explorierende Zugänge (2.2.1) und Settings der Bildungsbegleitung (2.2.2) beschrieben wurden, steht im Zusammenhang dieses Abschnittes ein strukturiertes didaktisches Vorgehen im Vordergrund.

Ziel ist es, damit die bestehenden Angebote zu ergänzen und so weitere Impulse für Konzeptwechsel (Nadelson et al. 2018, S. 171) bei den Kindern zu geben. Dabei werden im Folgenden Abschnitt zwei unterschiedliche Arten strukturierter Angebote unterschieden. Zum einen gilt es *Auswertungsgespräche* durchzuführen. Hierbei handelt es sich um Gruppengespräche einer kleinen, besonders interessierten Kindergruppe zu Fragen naturwissenschaftlicher Bildung. Typisch wäre es in diesem Kontext zum Beispiel inhaltliche Fragen aus dem offen-erkundendem Zugang des Elementes I (2.2.1) zu vertiefen. Ein zweites Angebot stellen *Projekte* dar. Diese begleiten die Kinder über etwa ein halbes Jahr. Dabei werden nicht nur naturwissenschaftliche Aspekte bearbeitet. Vielmehr wird der Blick vor dem Hintergrund des mehrperspektivischen Sachunterrichts der Grundschule (Hartinger, Giest 2015, S. 258) geweitet.

2.2.3.1 Auswertungsgespräche

Entgegen der rein erfahrungsorientierten Ansätze naturwissenschaftlicher Grundbildung (zum Beispiel: Zimmer 2007; Schlag 2009; Thesmann 2007), in deren Rahmen Auswertungsgespräche als eine unangemessene ‚Verschulung' des Elementarbereiches abgelehnt werden (Pfeiffer 2012, S. 13–18), stellen Auswertungsgespräche im Kontext des Ansatzes einer ENB einen integralen Bestandteil pädagogischen Handelns dar.

Zu deren Umsetzung und Gestaltung stehen vier Fragen im Mittelpunkt, die im folgenden Textverlauf sukzessive thematisiert werden sollen:

1. Welche Ziele werden im Rahmen von Auswertungsgesprächen verfolgt?
2. Wie gelangt man zu geeigneten Inhalten von Auswertungsgesprächen?
3. Wie sollte das Setting von Auswertungsgesprächen beschaffen sein?
4. Wie sieht der konkrete Ablauf von Auswertungsgesprächen aus?

Ad 1: Mit der Etablierung von Auswertungsgesprächen in die pädagogische Programmatik des Ansatzes einer ENB werden drei Ziele verfolgt:

1. Auswertungsgespräche können in Bezug auf die Elemente I und II des Ansatzes vor- und nachbereitenden Charakter haben. So können im Vorfeld der selbstorganisierten Beschäftigung (Schelle 2013, S. 13) mit den Experimenten und Versuchsstationen Fragen besprochen werden. Dies erleichtert die individuelle Auseinandersetzung mit dem Material. Genauso können

unklare Aspekte im Nachgang der Beschäftigung mit den Experimenten und Versuchsstationen sowie der individuellen Bildungsbegleitung aufgegriffen werden.

2. Aus einer eher theoretischen Perspektive argumentierend stellen die Auswertungsgespräche einen didaktisch ergänzenden Zugang dar, dessen Fokus auf stärker strukturierten Angeboten liegt. Eine ganze Zahl unterschiedlicher empirischer Studien innerhalb der Naturwissenschaftsdidaktik legt den Schluss nahe, dass offene und erkundende mit strukturierteren Angeboten kombiniert werden sollten, um eine maximale Effizienz zu erzielen (zu einer Zusammenfassung: Rieß, Robin 2012, S. 151). In eine ähnliche Richtung deuten die Befunde zum Ansatz des *Conceptual Change.* Um einen Konzeptwechsel umfassend zu fördern, bedarf es auch strukturierter Anteile in naturwissenschaftlichen Bildungsangeboten (Nadelson et al. 2018, S. 171).
3. Als drittes Ziel soll hier auf die Möglichkeit der interindividuellen Verdichtung naturwissenschaftlicher Bildungsprozesse durch Auswertungsgespräche hingewiesen werden. Diese bergen die Chance die unterschiedlichen Lernprozesse einzelner Kinder gemeinsam zu betrachten. So können im Rahmen der Auswertungsgespräche unterschiedliche Fragen, Modelle oder Methoden zusammengeführt werden. Ziel eines solchen sozialen Lernprozesses ist es die Limitierung von Individualansätzen zu überwinden und *gemeinsam* nach Lösungen für die Fragen der Kinder zu suchen (Fthenakis 2003, S. 27).

Ad 2: Von diesen Zielvorstellungen ausgehend gilt es in einem nächsten Schritt Themen für die Auswertungsgespräche zu bestimmen. Dabei besteht die erste, bereits angedeutete Möglichkeit darin, Inhalte der Elemente I und II nachbereitend oder vorbereitend aufzugreifen und so vor dem Hintergrund unterschiedlicher didaktischer Formate für eine inhaltliche Verzahnung zu sorgen. Daneben gibt es aber noch zwei weitere Möglichkeiten. Zunächst können auf der Basis der Beobachtung von Situationen im Alltag der Kindertagesstätte – auch über die Angebote im Kontext der Elemente I und II hinaus – Inhalte für die Auswertungsgespräche ausgewählt werden (Krenz 2010, S. 23). Auswertungsgespräche müssen daher nicht zwingend im Zusammenhang mit den anderen didaktischen Elementen des Ansatzes einer ENB in Kontakt stehen. Vielmehr können Inhalte für Auswertungsgespräche auch auf der Basis des Situationsansatzes bestimmt werden (Zimmer 2007, S. 27 f.). Auswahlkriterium sind dann sogenannte *Schlüsselsituationen,* die es im Alltag der Kindertagesstätte zu entdecken gilt und die dann mit der Hilfe von Auswertungsgesprächen thematisiert werden können. In den Worten von Colberg-Schrader und Krug:

> „Unter Schlüsselsituationen verstehen wir aussagekräftige lebensnahe Inhalte im Erlebnisbereich der Kinder, die möglichst viele der für die Kinder Verantwortlichen

(…) für wichtig halten und deren Bearbeitung den Kindern grundlegende Erfahrungen eröffnen können.“ (ebd. 1999, S. 79)

Eine solche naturwissenschaftliche Schlüsselsituation könnte zum Beispiel die situativ festgestellte Faszination von Kindern für Seifenblasen sein. Auf der Basis einer solchen Schlüsselsituation ließen sich unterschiedliche Phänomene im Kontext von Auswertungsgesprächen näher beleuchten. Verwiesen sei hier auf das farbliche Irisieren der Haut der Seifenblasen, auf die Tatsache, dass Seifenblasen immer rund sind, und auf die Frage, warum diese eigentlich platzen.

Eine dritte Möglichkeit, Inhalte für Auswertungsgespräche zu bestimmen, besteht darin, dass diese durch pädagogische Fachkräfte initiativ eingebracht werden. Ein solches Verständnis kann als Referenzpunkt curriculare Überlegungen (Fthenakis 2003, S. 29f.), wie sie im Kontext der Bildungspläne der Bundesländer für den Bereich der Naturwissenschaften vorliegen, heranziehen. Dieses Vorgehen führt aber vor dem Hintergrund der Heterogenität der dort vorliegenden Überlegungen letztendlich zur Beliebigkeit (Lück 2018, S. 27–30). Eine andere Möglichkeit besteht darin, sich bei der Inhaltsauswahl auf etablierte didaktische Konzeptionen zu beziehen. Potentiale bietet hier insbesondere das Konzept der *Scientific Literacy.* In diesem Konzept wird programmatisch zum Ausdruck gebracht, dass naturwissenschaftliche Grundbildung einen Betrag zur Orientierung und Gestaltung einer durch die Naturwissenschaften geprägten Welt liefern soll (Mikelskis 2010, S. 11–18; Roberts, Bybee 2014, S. 545f.). Im Rahmen einer *Scientific Literacy* sollen Lernende Fähigkeiten in den folgenden Bereichen aufbauen:

1. Sie sollen naturwissenschaftlich ausdeutbare Fragestellungen im Alltag erkennen.
2. Sie sollen in die Lage versetzt werden, Phänomene naturwissenschaftlich zu analysieren.
3. Sie sollen empirisch arbeiten können und dabei mit Evidenz und Gegenevidenz umgehen können, um auf dieser Basis begründete Entscheidungen zu treffen. (Schiepe-Tiska 2013, S. 193)

Ad 3: Nach der Erläuterung von Zielen von Auswertungsgesprächen sowie einer Analyse der Wege Inhalte für die Auswertungsgespräche auszuwählen, steht nun die Frage des Settings im Vordergrund. Auswertungsgespräche richten sich an die fünf- bis sechsjährigen Kinder einer Einrichtung. Sie werden in einer kleinen Gruppe mit zehn bis fünfzehn Kindern von einer pädagogischen Fachkraft durchgeführt. Um die notwendige Arbeitsruhe zu gewährleisten, finden die Gespräche in einem separaten Raum statt. Die Dauer variiert zwischen fünfzehn und dreißig Minuten je Gespräch. Um eine gewisse Regelmäßigkeit sicher zu stellen, hat es sich bewährt thematisch zusammenhängende Gespräche (in der Regel vier bis sechs Einheiten) in einem Zeitraum von zwei Wochen zu bündeln. Dann folgt eine längere Pause bis zum nächsten Block. Für die konkrete Durchführung der Auswertungsgespräche sind die folgenden Grundsätze von zentraler Bedeutung:

1. Prinzip der *Freiwilligkeit:* Die Kinder entscheiden selbst, ob sie teilnehmen wollen.
2. Prinzip der *Fokussierung:* Bei den Auswertungsgesprächen handelt es sich um stärker strukturierte didaktische Settings. Ziel ist es, in diesem Rahmen konzentriert an *einer* Fragestellung zu arbeiten.
3. Prinzip des *forschend-entwickelnden Stils* der pädagogischen Fachkraft: Auch wenn es sich bei den Auswertungsgesprächen um strukturierte Settings handelt, so sind diese Gespräche nicht etwa ein Belehren der Kinder über die Natur. Vielmehr handelt es sich um Formate in dem gemeinsam an Experimenten gearbeitet und auf dessen Basis im Gespräch Modelle entwickelt werden. Dies schließt selbstverständliche auch kürzere instruktive Phasen nicht aus.
4. Prinzip der *ruhigen Arbeit:* Auswertungsgespräche sind keine schnellen Angebote. Vielmehr bieten sie Raum, um in einem langsam voranschreitenden Diskurs tragfähige Lösungen zu entwickeln.
5. Prinzip der *didaktisch pluralen Aufbereitung:* In Auswertungsgesprächen kommt eine Vielzahl unterschiedlicher methodischer Ansätze und Arbeitsformen zum Einsatz. Verwiesen sei hier exemplarisch auf experimentelle Formate, kommunikative Techniken, Dokumentationsformate, Zugänge aus dem Kontext des *Philosophierens mit Kindern* (Sinhart-Pallin, Ralla 2014, S. 33–101) etc.

Ad 4: Von diesen Prinzipien der Planung und Durchführung von Auswertungsgesprächen ausgehend, soll in einem nächsten Schritt der Argumentation der konkrete Ablauf von Auswertungsgesprächen beschrieben werden. Dazu kommt ein im Bereich der Naturwissenschaftsdidaktik bewährtes Modell (zum Beispiel: Acisli, Yalcin, Turgut 2011), das *BSCS 5E Instructional Model* (Bybee et al. 2006), zum Einsatz. Im Rahmen dieser Überlegungen wird ein fünfphasiges Lehr-Lern-Setting vorgeschlagen.

Die erste Phase wird als *Engagement* beschrieben. Ziel dieser Phase ist es zum einen, das Interesse der Lernenden zu wecken, zum anderen, bestehende Präkonzepte (Wisener, Schecker, Hopf 2013, S. 29–47) zu aktualisieren. Im Kontext der zweiten Phase, *Exploration* genannt, steht ein experimentell-handelndes Erkunden der relevanten Phänomene im Vordergrund. Der Fokus der dritten Phase liegt auf dem gemeinsamen Modellieren (Mikelskis-Seifert, Kasper 2011, S. 5 f.) der relevanten Phänomene. Bybee bezeichnet diese Phase als *Explanation.* Die vierte Phase bezeichnet er als *Elaboration.* Dabei stehen die

Anwendung und Erweiterung der Überlegungen aus der vorherigen Phase im Vordergrund. Im letzten Element, der *Evaluation* steht die Retrospektive auf den Lernprozess im Vordergrund. Dabei gilt es Ergebnisse zu dokumentieren und aus einer methodischen Perspektive auf den Prozess zu schauen (Bybee 2014, S. 10f.).

Um die Grundzüge dieses Modells weiter zu explizieren, soll in einem folgenden Schritt auf der Basis des *BSCS 5E Instructional Model* eine Einheit zum Themenfeld *Schwimmen, Schweben, Sinken* (Möller et al. 2002) anhand Tabelle 8 beschrieben werden. Das hier vorgestellte Vorgehen umfasst etwa fünf Einheiten von Auswertungsgesprächen.

Tabelle 8: Anwendung des BSCS-5E-Modells auf den Themenschwerpunkt „Schweben, Schwimmen, Sinken" (nach Bybee et al. 2009, S. 2)

Stufe	**Pädagogische Tätigkeiten**
Engagement	Der Einstieg in die Thematik erfolgt experimentell. In mehreren mit Wasser gefüllten Kunststoffwannen können die Kinder erkunden, welcher der zur Verfügung gestellten Gegenstände schwimmt, schwebt oder sinkt. Die Kinder dokumentieren ihre Ergebnisse im Rahmen eines bildgestützten Arbeitsbogens. Im Anschluss an dessen Bearbeitung leitet die pädagogische Fachkraft langsam zur Fragestellung über, die sich mit einem Modell für das Schwimmen, Schweben und Sinken befasst.
Exploration	In einem nächsten Schritt wird der explorierte Sachverhalt gezielt experimentell bearbeitet. Dazu kommen zwei Freihandversuche zum Einsatz. Der erste macht das Phänomen des Auftriebes erfahrbar, indem die Kinder ausprobieren dürfen, dass es einiger Kraft bedarf, um eine Styroporkugel unter Wasser zu drücken. In einem zweiten Freihandversuch sollen Boote aus Knete gefertigt werden. Ziel ist es, herauszufinden, welche Boote schwimmen und wie stark diese beladen werden können.
Explanation	Ziel dieser Phase ist es, die experimentellen Erfahrungen gemeinsam auszuwerten. Dabei hat es sich bewährt, sich zunächst mit einer typischen Fehlvorstellung der Kinder zu befassen, in deren Rahmen diese davon ausgehen, dass Gegenstände mit einer hohen Masse sinken und solche mit einer geringen Masse schwimmen (Krahn 2005, S. 24–60). Dazu wird aus der Knete eines schwimmenden Bootes eine Kugel geformt, die dann sinkt. Ein solcher Vorgang der *Pertubation* (Luhmann 1994, S. 10; Simon 2006, S. 51–55) bietet die Möglichkeit, durch das Betrachten des Wasserstandes beim Herunterdrücken der Styroporkugel im ersten Freihandversuch langsam auf das Konzept der Verdrängung hin zu arbeiten. Im Anschluss kann in einer randvollen gefüllten Wanne die Menge des verdrängten Wassers von einem Knete-Boot und einer Knete-Kugel verglichen werden. Auf dieser Basis kann dann das Konzept der Verdrängung instruktiv eingeführt werden.
Elaboration	Im Kontext der *Elaboration* gilt es das entwickelte Modell zu vertiefen und anzuwenden. Dazu werden den Kindern Bilder von Schiffen mit der Frage gezeigt, warum diese schwimmen. Anhand einer Skizze kann der Verdrängungsprozess aufgezeigt und das Modellverständnis vertieft werden. Sofern weiterhin Interesse besteht, kann hier noch zusätzlich auf die Frage des Tarierens von Schiffen, zum Beispiel durch Ballastwasser, eingegangen werden.
Evaluation	Im Zuge eines Rückblickes gilt es hier noch einmal, auf die wesentlichen Stufen des Lernprozesses zu schauen und die Ergebnisse in angemessener Form, zum Beispiel in einer Mappe oder auf einem Poster, zu dokumentieren.

2.2.3.2 Projekte

Neben Auswertungsgesprächen stellen *Projekte* eine zweite, stärker strukturierte Variante von naturwissenschaftlichen Bildungsprozesse im Kontext des Ansatzes einer ENB dar.

Beim Arbeiten mit Projekten als didaktisches Mittel, in der Regel *Projektmethode* genannt (Kahlert 2016, S. 244), handelt es sich um einen in der naturwissenschaftlichen Bildung (Mikelskis 2010, S. 206–208) und der naturwissenschaftlichen Grundbildung (Samarapungavan, Mantzicopoulus, Patrick 2008) etablierten Ansatz. Im Review unterschiedlicher empirischer Studien zum projektorientierten Arbeiten zeigen sich unterschiedliche Hinweise für die Wirksamkeit dieses methodischen Zuganges (Marquadt-Mau 2015, S. 422f.).

Dabei besteht ein zentrales Problem darin, das Konzept der Projektarbeit in Abgrenzung von anderen didaktischen Spielarten zu erfassen. Vielmehr ist der Begriff der Projektarbeit eigentümlich schillernd. Die Summe der folgenden kritischen Attribute stellt einen definitorischen Minimalkonsens dar:

- Eine Projektarbeit beschäftigt sich meist mit komplexen und vielschichtigen Fragestellungen, die im Rahmen der Arbeit inhaltlich thematisiert werden.
- Projektinhalte sind lebensweltnahe Themen für die, die Kinder ein hohes Interesse mitbringen.
- Projektarbeit ist didaktisch geplant. Dabei liegen unterschiedliche Ablaufmodelle vor. Dabei ist sie offen für die Initiativen, Ideen und Ansätze der Kinder.
- Die Projektarbeit orientiert sich an Projektzielen, die im Arbeitsprozess gemeinsam festgelegt werden. Projektarbeit ist dabei immer Gruppenarbeit, also soziale Interaktion der Gruppenmitglieder untereinander.
- Es gibt einen definierten Zeithorizont. Der Umfang einer Projektarbeit kann jedoch erheblich variieren. Üblich ist eine Unterscheidung zwischen kleineren (Stunden), mittleren (bis zu einigen Wochen) und größeren Projekten (Monate oder Jahre).
- Im Rahmen der Projektarbeit kommen unterschiedliche Arbeits- und Sozialformen vor. In der Folge verändern sich die Formen der Begleitung der Kinder durch die pädagogische Fachkraft. (Frey 2012, S. 15–21; Marquardt-Mau 2015, S. 420f.; Jackewitz, Janneck, Pape 2002, S. 36f.; Schumacher, Bolle 2013, S. 92f.; Traub 2011, S. 97–100)

Von diesem Grundverständnis von Projektarbeit ausgehend, soll im Folgenden das konkrete Vorgehen im Kontext des Ansatzes einer ENB beschrieben werden. Dieses basiert auf drei wesentlichen konzeptionellen Ansätzen:

1. *Situationsansatz* nach Zimmer (2007)
2. Das Modell des *vielperspektivischen Sachunterrichts* (Thomas 2018, S. 108–117)
3. *Projektablaufmodell* nach Traub (2012, S. 104)

Ad 1: Mit der Verwendung von Überlegungen aus dem Kontext des *Situationsansatzes* (Zimmer 2007) wird hier, wie schon innerhalb des Kontextes der Auswertungsgespräche (vgl. Abschnitt 2.3.3.1), auf die Frage der Auswahl von Inhalten eingegangen, die für die Kinder von Bedeutung sind. Projekte werden innerhalb des Ansatzes einer *Elementaren Naturwissenschaftlichen Bildung* als *Großprojekte* (Frey 2012, S. 20f.) mit der Dauer von etwa einem Kindergartenhalbjahr konzipiert. Vor dem Hintergrund dieser Bearbeitungsdauer kommt der Frage der Inhaltsauswahl ein besonderes Gewicht zu. Es gilt hier eine Thematik zu entwickeln, die möglichst viele Kinder über den gesamten Zeitraum anspricht. Ausgangspunkt ist die präzise Beobachtung der Kinder im Alltag. Auf der Basis dieser gilt es gezielt Wirklichkeitsausschnitte (Preissing, Heller 2009, S. 42) auszuwählen, die immer wieder im Alltag der Kindertagesstätte thematisch auftauchen. Adressiert werden hiermit prinzipiell alle naturwissenschaftlich deutbaren Situationen, präziser deren naturwissenschaftlich interpretierbarer Sinngehalt. Colberg-Schrader und Krug sprechen in diesem Zusammenhang auch von *Schlüsselsituationen.* Kasüschke nennt diesen Vorgang den Prozess die *Situationsanalyse* (ebd. 2013, S. 42). Dieser ist als dialogischer Austauschprozess der pädagogischen Fachkräfte zu verstehen (Zimmer 2007, S. 74f.). Dabei sind drei Kriterien von zentraler Bedeutung:

1. Lebensweltlicher Bezug für die Kinder
2. Interesse bei möglichst vielen der Kinder
3. Erkennbare gesellschaftliche Bezüge der ausgewählten Thematik (Kraska, Teuscher 2013, S. 81)

Erfahrungsgemäß lässt sich auf der Basis eines solchen Vorgehens eine kleinere Zahl potentiell in Frage kommender Inhaltsbereichen definieren. Für die konkrete Auswahl der zu bearbeitenden Situation können in einem nächsten Schritt die Kinder einbezogen werden. Über das zu bearbeitende Themenfeld wird schließlich abgestimmt.

Ad 2: Steht nun ein Themenfeld fest, gilt es dies in einem nächsten Schritt didaktisch zu strukturieren. Ausgangspunkt ist es dabei im Sinne des *Literacy-Konzeptes* einen Beitrag zur Orientierung und der Möglichkeit der Mitgestaltung kindlicher Lebenswelten zu bieten. Nun bezieht sich der Anspruch der *Scientific Literacy* allein auf naturwissenschaftlich deutbare Situationen (Mikelskis 2010, S. 11–18). Den Überlegungen von Zimmer folgend, stellt dies eine fachdidaktische Verengung dar (ebd. 2000, S. 96 f.). Diese kann durch inhaltlich breiter aufgestellte Konzeptionen überwunden werden. Hierfür soll das Konzept des *vielperspektivischen Sachunterrichts* herangezogen werden. Dessen Ziel besteht darin Kindern eine Orientierung und Beteiligungsmöglichkeiten in ihren plural deutbaren Lebenswelten zu geben (Thomas 2018, S. 112 f.). Kerngedanke ist es dabei unterschiedliche Zugänge und Sichtweisen vor dem Hintergrund einer Thematik zu entwerfen. Zentrales Dokument ist in diesem Zusammenhang der *Perspektivrahmen Sachunterricht,* herausgegeben von der *Gesellschaft für die Didaktik des Sachunterrichts (GDSU).* In dessen Kontext werden insgesamt fünf Perspektiven benannt:

1. Sozialwissenschaftliche Perspektive
2. Naturwissenschaftliche Perspektive
3. Geographische Perspektive
4. Historische Perspektive
5. Technische Perspektive (Hartinger, Giest 2015, S. 258)

Ziel ist es, dabei diese Perspektiven nicht losgelöst voneinander zu bearbeiten, sondern die Bereiche systematisch ineinander zu verschränken. Dies wird programmatisch mit dem Begriff der *Bildung* adressiert (Köhnlein 2015, S. 88 f.). Für die Projektplanung gilt es auf der Basis dieser Perspektiven das Themenfeld lebensweltbezogen zu strukturieren (Thomas 2015, S. 254).

Ad 3: Nach der Darstellung der Inhaltsauswahl und der prinzipiellen didaktischen Aufbereitung der Inhalte gilt es in einem nächsten Schritt den Ablauf von Projekten zu beschreiben. Dafür liegt eine ganze Zahl unterschiedlicher Ablaufmodelle vor (Frey 2012, S. 17–19). Im Kontext der ENB kommt das Modell von *Projektsandwich* von Traub zum Einsatz, da es zum einen relativ offene und arbeitsteilige Gruppenarbeit erlaubt und zum anderen Schnittstellen zur Ergebnisdiskussion und Zusammenführung berücksichtigt. Der prinzipielle Ablauf der unterschiedlichen Phasen oder Sequenzen ist Abbildung 12 zu entnehmen.

Abbildung 12: Das *Projektsandwich* als Projektphasenmodell (nach Traub 2012, S. 104)

In der *Vorbereitungsphase* gilt es das Thema zu finden und didaktisch aufzubereiten (ebd. 2013, S. 81–87). Das hierfür im Kontext der ENB angewendete Verfahren wurde in den Abschnitten zwei und drei der Aufzählung in diesem Abschnitt beschrieben. Im Kontext der folgenden Phase des *Einstieges in die Pro-*

jektarbeit wird das Vorwissen der Kinder aufgegriffen. So werden Erwartungen geklärt, Präkonzepte erhoben, Ziele festgelegt, Arbeitsgruppen bestimmt und schließlich ein Projektplan vereinbart (ebd. 2012, S. 88–92). Im Rahmen der Phase drei, *selbstgesteuerte Kleingruppenarbeit,* erarbeiten die Kinder in Kleingruppen das relevante Wissen. Hier hat es sich praktisch bewährt, eine Gruppeneinteilung entlang der Perspektiven (Hartinger, Giest 2015, S. 258) vorzunehmen. Am Ende dieser Phase wird überprüft, ob das erarbeitete Wissen ausreichend, vollständig und belastbar ist (Traub 2012, S. 93–100). Kennzeichen dieser Phase ist es, dass hier konstruktive und instruktive Formate (Windt 2011, S. 163f.) in der Rolle der pädagogischen Fachkraft zusammenfließen. Je nach Gruppensituation nimmt diese eine moderierende, instruktive oder auch strukturierende Rolle ein. Es folgt die vierte Phase, der *Austausch der Informationen zwischen den Kleingruppen.* Dabei verdeutlicht die pädagogische Fachkraft in einem ersten Schritt nochmals den übergreifenden Projektplan. Im Anschluss werden die Gruppen im Sinne eines *Gruppenpuzzles* durchmischt. Dabei berichten die Arbeitsgruppen jeweils von ihren Arbeitsergebnissen (Traub 2013, S. 100). In der folgenden fünften Phase, der *Verarbeitungsphase,* werden in den Gruppen die einzelnen Ergebnisse im Plenum zusammengeführt (ebd. 2012, S. 101f.). Gegenstand der letzten Projektphase ist der *Ausstieg aus der Projektarbeit.* Hier werden die Arbeitsergebnisse abschließend dokumentiert und der Arbeitsprozess reflektiert (ebd. 2012, S. 102f.).

Weiterführende Literatur

Fisher, J. (2016): *Interacting or interfering – improving interactions in the early years.* Maidehead: Mc Graw Hill Education.

Pfeiffer, S. (2012): *Lernwerkstätten und Projekte in der Kita.* Göttingen: Vandenhoeck & Ruprecht.

Rieß, W.; Wirtz, M.; Schulz, A.; Barzel, B. (2012): Integration der theoretischen und empirischen Befunde zum Experimentieren im mathematisch-naturwissenschaftlichen Unterricht (S. 353–376). In: Rieß, W.; Wirtz, M; Barzel, B.; Schulz, A. (Hrsg.): *Experimentieren im mathematisch-naturwissenschaftlichen Unterricht. Schüler lernen wissenschaftlich denken und arbeiten.* Münster: Waxmann.

Köster, H. (2008): Physik im Kindergarten – Grenzen und Möglichkeiten (S. 195–210). In Hellmich, F.; Köster, H. (Hrsg.): *Vorschulische Bildungsprozesse on Mathematik und Naturwissenschaften.* Bad Heilbrunn: Klinkhardt.

Frantz-Pittner, A.; Grabner, S.; Bachmann, G. (Hrsg.) (2011): *Science Center Didaktik – Forschendes Lernen in der Elementarpädagogik.* Hohengehren: Schneider.

Ulber, D.; Imhof, M (2014): *Beobachtung in der Frühpädagogik – Theoretische Grundlagen, Methoden, Anwendungen.* Stuttgart: Kohlhammer.

König, A. (2010): *Interaktion als didaktisches Prinzip – Bildungsprozesse bewusst begleiten und gestalten.* Troisdorf: Bildungsverlag EINS.

Kahlert, J.; Fölling-Albers, M; Hartinger, A.; Miller, S.; Wittkowske, S. (2015): *Handbuch Didaktik des Sachunterrichts.* Bad Heilbrunn: Klinkhardt.

Hopf, M. (2012): *Sustained Shared Thinking im frühen naturwissenschaftlich-technischem Lernen.* Münster: Waxmann.

Reflexionsfragen

1. Bitte wählen Sie auf der Basis einer eigenständigen Recherche fünf Freihandversuche aus. Prüfen Sie dann bitte auf der Basis der in diesem Textteil genannten Kriterien deren Eignung vor dem Hintergrund des Ansatzes einer ENB.
2. Erstellen Sie bitte einen *Phänomenkreis* mit fünf *Freihandversuchen* zum *Bernoulli-Venturi-Effekt.* Klären Sie in diesem Zusammenhang bitte zunächst die naturwissenschaftlich-fachlichen Grundlagen.
3. Im Rahmen des vorherigen Abschnittes wurden das *Contextual Modell of Learning* und der Ansatz des *interaktiven Lernens* vorgestellt. Erstellen Sie bitte auf der Basis weiterführender Recherchen zwei Skizzen, in denen die Grundannahmen beider Konzepte deutlich werden. Diskutieren Sie im Anschluss bitte Chancen und Grenzen beider theoretischen Zugänge.
4. Zeigen Sie anhand des Versuches der *verliebten Tischtennisbälle* den möglichen Phasenverlauf eines Auswertungsgespräches auf der Basis des *BSCS 5E Models.*
5. Entwickeln Sie anhand des Themenfeldes *Fliegen* auf der Basis des Modells des mehrperspektivischen Sachunterrichts eine möglichst lebensweltnahe Zusammenstellung zu thematisierender Inhalte für eine Kindergruppe im Vorschulalter.

Kapitel 3
Naturwissenschaftliche Grundbildung in der Organisation der Kindertagesstätte

Während in den ersten beiden größeren Abschnitten die Fundierung und konzeptionelle Entwicklung des Ansatzes einer ENB im Mittelpunkt stand, ist der Fokus hier organisationstheoretischer Natur. Im Zentrum steht die Frage, wie der genannte Ansatz einer ENB in Kindertagesstätten implementiert werden kann. Entgegen anderer Darstellungen, die lediglich auf den Aspekt des individuellen Kompetenzerwerbes der pädagogischen Fachkräfte, in der Regel durch Fortbildungen, fokussieren (Zimmermann 2011), soll hier ein komplexeres Implementationsmodell konzipiert werden, das auf unterschiedlichen Zugängen basiert.

Ausgangspunkt der Überlegungen ist auch hier ein Fortbildungsmodell für pädagogische Fachkräfte (vgl. Abschnitt 3.1). In der Weiterführung dieser Überlegungen wird, vor dem Hintergrund von Theorien zum *organisationalen Lernen* (Liebsch 2011, S. 73–75), ein Implementationsmodell vorgeschlagen. In diesem Zusammenhang gilt es durch Aktivitäten eines *Change Teams* den Ansatz einer ENB in der gesamten Einrichtung zu etablieren (vgl. Abschnitt 3.2). Es folgt ein letzter Schritt, in dessen Zentrum die dauerhafte Implementation und Anpassung des Konzeptes an den Alltag der Kindertagesstätte vor dem Hintergrund fachlicher Maßstäbe im Kontext der *Qualitätssicherung und -entwicklung* (Becker-Stoll, Wertfein 2013) sichergestellt wird (vgl. Abschnitt 3.3).

3.1 Fortbildung pädagogischer Fachkräfte

Gegenstand dieses Abschnittes ist der Entwurf einer Fortbildungskonzeption für den Ansatz der ENB. Dieser Ansatz des individuellen Lernens wird als ein erstes zentrales Element zur Implementation der pädagogischen Programmatik gesehen (Fröhlich-Gildhoff, Nentwig-Gesemann, Pietsch 2011). Dabei wird zweischrittig vorgegangen. In einem ersten längeren Abschnitt werden Ergebnisse der elementarpädagogischen Professionsforschung referiert (vgl. Abschnitt 3.1.1). Dabei soll herausgearbeitet werden, welcher Ressourcen sich pädagogische Fachkräfte in ihrem professionellen Handelnd bedienen und wie diese Bestände situativ ineinanderfließen (Fröhlich-Gildhoff, Nentwig-Gesemann, Pietsch 2011, S. 17). Auf dieser Grundlage können Ableitungen zu den inhaltlichen Erfordernissen der Fortbildungskonzeption gemacht werden. Deren modularisierte Struktur wird im folgenden Kapitel detailliert beschrieben (vgl. Abschnitt 3.1.2).

3.1.1 Professionalität pädagogischer Fachkräfte

Fragen der Professionalität der pädagogischen Fachkräfte verweisen auf „(…) einen flüchtigen Aggregatzustand von Beruflichkeit (…)" (Nittel 2011, S. 48). Professionelles Handeln ist als ein Prozess zu verstehen, in dem unterschiedliche Wissensbestände zur Bewältigung einer konkreten pädagogischen Situation herangezogen werden (Aktionsrat Bildung 2013, S. 62f.). Ein Verständnis für diesen Prozess kann dabei als ein Fixum für die inhaltliche Gestaltung von Fortbildungsinhalten genutzt werden (vgl. Abschnitt 3.1.2).

Das Handeln der pädagogischen Fachkräfte in bildungsbezogenen Prozessen der Kindertagesstätte wird in der elementarpädagogischen Forschung derzeit aus zwei Perspektiven beleuchtet:

1. *Defizitorientierter Zugang*
2. *Kompetenzorientierter Zugang* (Betz 2013, S. 266–269)

Ad 1: In der ersten Klasse von Untersuchungen werden Studien aggregiert, in denen das oftmals problematische Fähigkeitsniveau der pädagogischen Fachkräfte thematisiert wird. Im Mittelpunkt der Kritik steht dabei die fachschulische Ausbildung der pädagogischen Fachkräfte (Autorengruppe Fachkräftebarometer 2017, S. 31), welche unter den bestehenden Aufgabenverschiebungen als nicht mehr ausreichend beschrieben wird (Thole 2010, S. 206–208). Innerhalb dieser Klasse gibt es eine ganze Reihe von Einzelbefunden. Exemplarisch sei hier auf folgende Untersuchungen verwiesen:

1. *Ruppin et al.:* Diese zeigen im Rahmen eines qualitativen Untersuchungssettings die nur sehr begrenzten Kenntnisse und Fähigkeiten, Kinder durch entsprechende Beobachtungsverfahren regelgeleitet in ihren Bildungsprozessen zu unterstützen (ebd. 2015, S. 147).
2. *von Büllow:* Sie untersuchte, ebenfalls in einem qualitativen Setting, die subjektiven Theorien der pädagogischen Fachkräfte zu kindlichen Bildungsprozessen. Kernaussage ist dabei, dass diese kaum Bezüge zu den relevanten wissenschaftlichen Diskursen aufweisen (ebd. 2011, S. 141–146).
3. *Viernickel, Voss, Mauz:* Den Autorinnen gelingt es in ihrer Studie zu zeigen, dass sich diese problematischen Befunde auch organisational niederschlagen. So haben, auf der Basis einer repräsentativen Stichprobe, nur 55% der Einrichtungen eine Konzeption (ebd. 2017, S. 77). Deren Fehlen ist unter einer Perspektive des Sozialmanagements zu kritisieren (Merchel 2001, S. 27).

Ad 2: Einen zweiten Zugang zum Feld stellt die kompetenzorientierte Sichtweise dar. Im Fokus steht dabei die Frage, wie situationsangemessenes Handeln der Fachkräfte modelliert werden kann. Kompetenzen werden in diesem Kontext als *Performance-Potentiale* einer Person beschrieben. Sie beruhen auf kognitiven, motivationalen und sozialen Dispositionen, die herangezogen werden können, um bestimmte Problemlagen erfolgreich zu bewältigen (Seel, Hanke 2015, S. 21).

Im Rahmen der kompetenzorientierten Sichtweise stehen die Fragen im Vordergrund, welche Wissensbestände für eine gelingende Praxis herangezogen und wie diese in der jeweiligen Situation ineinander geführt werden. Dafür kommen unterschiedliche Modellklassen zum Einsatz. Die Lage vereinfachend kann hier zwischen *Klassifikations-* und *Prozessmodellen* unterschieden werden. Im Rahmen der erstgenannten wird untersucht, welche Arten von Wissen zur Problemlösung erforderlich sind. Im Kontext der Prozessmodelle steht dagegen deren situatives Ineinandergreifen im Handlungsvollzug im Vordergrund (Brunner 2018, S. 77 f.).

Für die erste Klasse von Modellen legt der Aktionsrat Bildung ein Modell vor, die *Strukturfacetten professioneller Handlungskompetenz*. Die Fähigkeit, berufliche Aufgabenkonstellationen im Kontext von kindlichen Bildungsprozessen produktiv zu bewältigen, beruht damit auf vier Teilkompetenzen:

1. *Professionswissen:* Dieses umfasst inhaltliches Wissen im jeweiligen Bildungsbereich, fachdidaktisches Wissen und allgemeine pädagogische Kenntnisse.
2. *Pädagogische Orientierungen und Einstellungen:* Hierunter verstehen die Autorinnen und Autoren Vorstellungen zu den avisierten pädagogischen Zielen, der eigenen Rolle als Fachkraft im Bildungsprozess oder auch der des Kindes.
3. *Motivationale und emotionale Aspekte:* In diesen Kontext gehören die eigene emotionale Verfasstheit gegenüber dem Inhaltsbereich, die subjektive empfundene Freude an den jeweiligen Inhalten und die Überzeugung im Feld, hochwertige Angebote platzieren zu können.
4. *Selbstregulatorische Fähigkeiten:* Hierunter wird allgemein die Fähigkeit verstanden, auf berufliche Leistungsanforderungen adäquat zu reagieren. Eine Spezifizierung dieses Aspektes steht noch aus. (ebd. 2013, S. 62 f.)

Neben diesem vielzitierten allgemeinen Modell liegen auch spezifische Überlegungen für den Kontext der naturwissenschaftlichen Bildung vor. Ein prominentes Beispiel ist hier das Konzept der *Naturwissenschaftlichen Frühförderkompetenz (NFFK)* von Zimmermann. Sie beschreibt in diesem Zusammenhang, welche Fähigkeiten pädagogische Fachkräfte benötigen, um Kinder in diesem Feld begleiten zu können. Dabei unterscheidet sie vier Hauptdimensionen, denen sie jeweils drei bis vier untergeordnete Dimensionen zuweist. Der genaue Aufbau ist Abbildung 13 zu entnehmen.

Abbildung 13: Dimensionierung der Naturwissenschaftlichen Frühförderkompetenz (aus Zimmermann 2011, S. 187)

Ein Vergleich der beiden Modelle zeigt Variablen und Konstanten. Zu den Konstanten zählen die Betonung der Notwendigkeit inhaltlichen Wissens sowie weiterer psychologischer Faktoren, wie dem Selbstkonzept, den Interessen und den Motiven. Differenzen ergeben sich auf den übrigen beiden Dimensionen der Modelle. So werden bei Zimmermann die reflexiven Anteile stärker betont (ebd. 2011, S. 187), beim Aktionsrat Bildung der Aspekt der Selbstregulation (ebd. 2012, S. 63).

Im Kontext der zweiten Modellklasse steht die situative Relevierung der Wissensbestände im Vordergrund. Fröhlich Gildhoff, Nentwig-Gesemann und Pietsch legen hierzu ein Standardmodell vor. In Abbildung 14 wird zunächst ein Überblick gegeben.

Abbildung 14: Kompetenzen pädagogischer Fachkräfte (nach Fröhlich-Gildhoff, Nentwig-Gesemann, Pietsch 2011, S. 17)

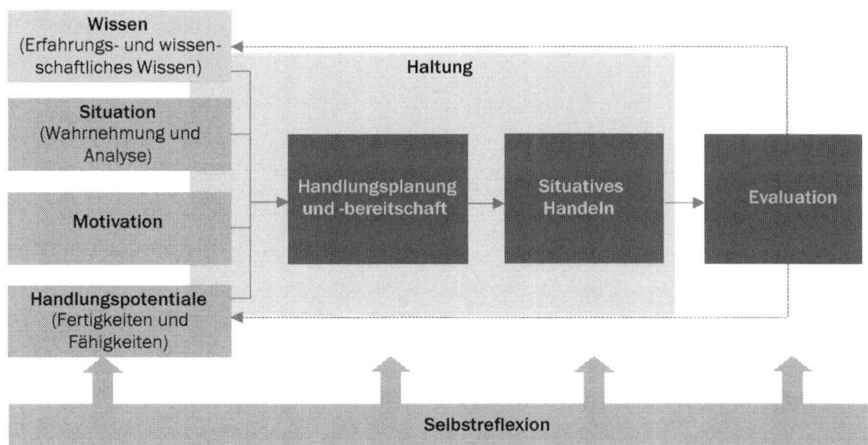

Professionelles Handeln in frühkindlichen Bildungssettings zeigt sich im Rahmen dieses Modells zunächst als ein In-Wechselwirkung-Setzen von drei Größen: dem inhaltlich-wissenschaftlichen Wissen, dem Erfahrungswissen und den vorhandenen Fertigkeiten und Fähigkeiten. Weiterhin sind die Haltung, die Situationsanalyse und die motivationale Lage der pädagogischen Fachkraft entscheidend. Auf dieser Basis entstehen die Handlungsbereitschaft und Planung, welche dann in einer Handlung realisiert werden. Das Handeln wird zumeist unbewusst evaluiert. Parallel dazu verläuft die Möglichkeit einer Selbstreflexion, das heißt die Fähigkeit, sich gedanklich, kommunikativ und reflexiv mit den genannten Größen bewusst auseinanderzusetzen (ebd. 2011, S. 18).

Basierend auf diesem Diskussionsstand können für die Fortbildungskonzeption im Feld der naturwissenschaftlichen Bildung die folgenden Ableitungen getroffen werden:

1. Der erreichte Stand der Professionalisierung ist in vielen Feldern als eher defizitär zu bezeichnen. Dies betrifft insbesondere das Feld des akademischen Wissens. Hier gilt es im Rahmen der Fortbildung profunde Grundlagen zu legen.
2. Eine Fortbildung zu Fragen der naturwissenschaftlichen Grundbildung sollte fachlich-naturwissenschaftliche und fachdidaktische Aspekte adressieren.
3. Fortbildungsangebote sollten ausreichenden Raum bieten, um reflexive Anteile zu thematisieren. Fragen können hier Ziele, Rollenbilder, Erfolgsaussichten etc. sein. Fortbildungen sind damit auch Räume autobiographischer Reflexion.
4. Fortbildungen sollten Möglichkeiten bieten, Inhalte in der Praxis zu erproben und in der Folge die Erfahrungen im Fortbildungskontext zu diskutieren.
5. Fortbildungen zum naturwissenschaftlichen Bildungsauftrag sollten auch immer einen Rückbezug zu allgemeinpädagogischen Fragestellungen ermöglichen.

3.1.2 Umrisse einer Fortbildungskonzeption

Ziel dieses Abschnittes ist es, auf der Basis der Überlegungen der Kernmerkmale einer ENB (vgl. Abschnitt 2.1) und der professionstheoretischen Überlegungen des Abschnittes 3.1.1 eine Fortbildungskonzeption zu entwerfen. In Abbildung 15 (nächste Seite) wird hierzu ein Überblick über die Modulstruktur gegeben.

Ausgangspunkt der Fortbildungsreihe ist das *Modul I,* in dessen Rahmen der Ansatz des autobiographischen Lernens (Pech 2006, S. 6f.; Boland 2010, S. 52) im Mittelpunkt steht. Ein solcher Zugang ist insbesondere im Feld der naturwissenschaftlichen Bildung von zentraler Bedeutung, da die pädagogischen

Abbildung 15: Fortbildungsmodule naturwissenschaftlicher Grundbildung (nach Asmussen 2013, S. 74–81)

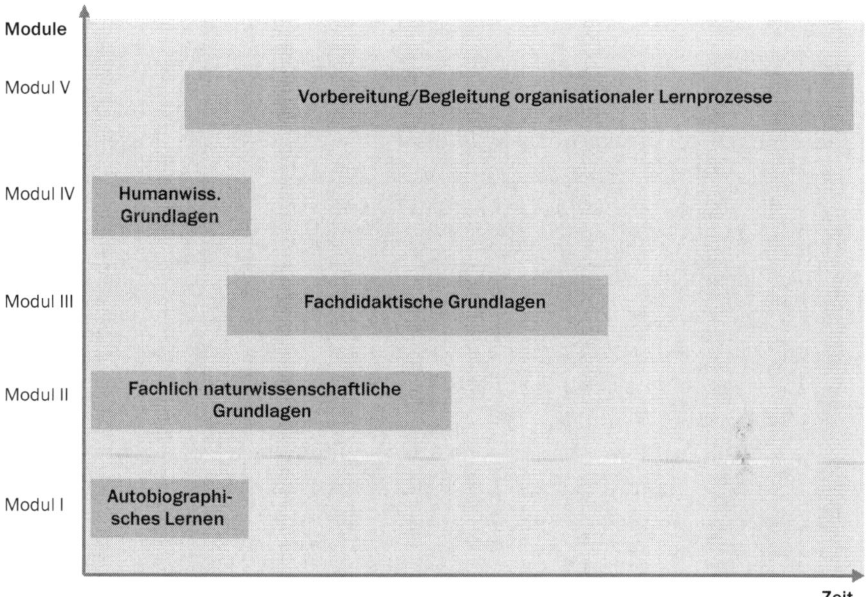

Fachkräfte in ihrer bisherigen Bildungsbiographie oft negative Erfahrungen mit naturwissenschaftlichen Inhalten gesammelt haben (Geyer 2008, S. 32–35; Zimmermann, Welzel 2007, S. 254). Diese Erfahrungen gilt es präsent werden zu lassen, zu kontextualisieren und zu diskutieren. Ziel ist es, auf dieser Basis das Interesse an dem Fachgebiet zu fördern, die Motivation, sich mit entsprechenden Fragestellungen auseinanderzusetzen, auszubauen und die Selbstwirksamkeitsüberzeugungen zu stärken. Für das Modul I sollte ein Zeitumfang von etwa fünf Arbeitsstunden eingeplant werden.

Modul II befasst sich mit den fachlichen Inhalten einer naturwissenschaftlichen Bildung. Pädagogische Fachkräfte benötigen, um Kinder in ihren naturwissenschaftlichen Bildungsprozessen unterstützen zu können, naturwissenschaftliche Kenntnisse. Auch hier kann das Konzept einer *Scientific Literacy* einen relevanten Beitrag bei der Zielorchestrierung und Inhaltsauswahl leisten. So sollten sich pädagogische Fachkräfte auf dieser Basis Wissen über Phänomene, die Methoden und Prinzipien sowie über den Zusammenhang von Naturwissenschaft und Gesellschaft (Schiepe-Tiska 2013, S. 193) erarbeiten. Wie auch im Kontext der Diskussion zum Konzept *der Scientific Literacy* immer wieder angeführt, wird hiermit ein erheblicher Umfangsbereich adressiert (Shamos 2002, S. 45–47). Damit droht eine Überfrachtung der naturwissenschaftlichen Bildung. Auch muss hier klargestellt werden, dass im Rahmen einer solchen

Fortbildung keine grundständige inhaltliche Wissensbasis erarbeitet werden kann. Vielmehr können punktuell Inhalte thematisiert werden. Dazu haben sich im Kontext der didaktischen Forschung drei Aspekte bewährt:

1. Das Konzept der *Exemplarität:* Diese Überlegungen gehen auf Wagenschein zurück. Im Fokus steht dabei der Gedanke, dass ausgewählte Inhalte immer Grundsätzliches im fachlichen Kontext, über den jeweiligen Einzelfall hinaus, verdeutlichen sollen (ebd. 2010 A, S. 32).
2. Der Ansatz der *Core Ideas:* Mit diesem in den Vereinigten Statten verbreiteten Ansatz wird darauf hingewiesen, dass es innerhalb der einzelnen Naturwissenschaften aber auch darüber hinaus *(Crosscutting Concepts)* zentrale Konzepte existieren, die für ein disziplinäres Verständnis elementar sind (National Research Council 2012). Beispiele aus dem Feld der Physik sind der atomistische Aufbau der Materie oder Idee von Energie als Erhaltungsgröße.
3. Die Idee der naturwissenschaftlichen Handlungsfelder: Dabei werden, einer Handlungsperspektive folgend, vier naturwissenschaftliche Tätigkeiten unterschieden:

   - Naturwissenschaftliche Erklärungen verstehen
   - Naturwissenschaftliche Erklärungen aufstellen
   - Naturwissenschaftliches Wissen reflektieren
   - Produktiv an der Welt der Naturwissenschaften teilhaben (Michaels, Shouse, Schweingruber 2008, S. 20 – Übersetzung des Autors)

Für das Modul ist ein Arbeitsumfang von 20 Arbeitssunden erforderlich.

Im Kontext des *Moduls III* werden, in Ergänzung zum Modul II, fachdidaktische Fragestellungen thematisiert. Entsprechend der drei Elemente des Ansatzes einer ENB stehen die folgenden Aspekte im Mittelpunkt:

1. Offene Angebote der naturwissenschaftlichen Bildung: Hier sollen die pädagogischen Fachkräfte *Freihandversuche* (Schlichting 1996; Zwiorek 2010) und *Versuchsstationen* (Kiupel 1999, S. 2818; Schaper-Rinkel, Giesicke, Bieber 2002, S. 1) kennenlernen, deren Einsatzmöglichkeiten reflektieren und Möglichkeiten der didaktischen Gestaltung kennenlernen.
2. Bildungsbegleitung im Kontext naturwissenschaftlichen Bildung: Im Fokus stehen hier zunächst Fragestellungen der *Beobachtung* der Kinder in ihrer Auseinandersetzung mit den Materialien. In der Folge gilt es einen pädagogischen Habitus zu erkunden, der auf der einen Seite Freiräume für *selbstorganisierte Lernprozesse* (Seel, Hanke 2015, S. 33; Traub 2012, S. 48f.) eröffnet, auf der anderen Seite, wo erforderlich, auch gezieltere pädagogische Angebote entwirft, die sich an Konzepten der *Ko-Konstruktion* (Fthenakis

2003, S. 26) und des *Sustained Shared Thinkings* (Siraj-Blatchford et al. 2002, S. 8) orientieren.
3. Stärker strukturierte Angebote der naturwissenschaftlichen Bildung: In diesem Kontext sollen die pädagogischen Fachkräfte zum einen ein vertieftes Wissen über das Führen von systematischen *Auswertungsgesprächen* entwickeln. Zum anderen sollen sie Einsatzmöglichkeiten, Varianten und Grenzen der Projektmethode (Fthenakis et al. 2012, S. 151–166; Kraska, Teuschner 2013, S. 77–83; Schneider, Oberländer 2012, S. 35f.) in der frühen naturwissenschaftlichen Bildung kennenlernen.

Für das Modul ist ein Arbeitsumfang von etwa 20 Arbeitsstunden erforderlich.

Parallel zum Modul I ist das *Modul IV* angeordnet. Inhalt sind hier humanwissenschaftliche Grundlagen. Ein solches Vorgehen trägt zum einen den Erkenntnissen aus dem Defizit-Diskurs (Brunner 2018, S. 77f.) Rechnung, zum anderen aber auch den Ergebnissen aus dem Feld der Kompetenzforschung (Fröhlich Gildhoff, Nentwig-Gesemann, Pietsch 2011, S. 17), deren Ergebnisse zeigen, dass in Kontexten frühkindlicher Bildungsbegleitung immer auch Grundlagenwissen erforderlich ist (vgl. Abschnitt 3.1.1). Inhaltlich wird in diesem Zusammenhang auf die folgenden Themengebiete eingegangen:

1. *Psychologische Grundlagen:* Im Fokus stehen hier insbesondere Grundlagen der *Entwicklungs- und Lernpsychologie.* Ziel ist es, so eine Grundlage zu schaffen, auf deren Basis die für den Ansatz der ENB zentralen Überlegungen zum *Conceptual-Change* (Nadelson et al. 2018, S. 171) verstanden werden können.
2. *Kindheitspädagogische Grundlagen:* Hier geht es darum, fachliche Grundlagen für die Begleitung kindlicher Bildungsprozesse zu formulieren. Im Fokus stehen *Konzepte frühkindlicher Bildung,* das *Beobachten* von Kindern im Bildungsprozess sowie Strategien zum Prozess der *Interaktionsgestaltung.*

Für das Modul ist ein Arbeitsaufwand von etwa zehn Arbeitsstunden erforderlich.

Ein letzter Gegenstandsbereich wird durch das *Modul V* abgebildet. In diesem Kontext stehen zwei Aspekte im Mittelpunkt: zum einen das Erproben und Reflektieren der bisherigen Wissensbestände durch die an der Fortbildung teilnehmenden pädagogischen Fachkräfte, zum anderen die Förderung des organisationalen Lernprozesses (Jenner 2018, S. 31f.; Feitner 2010, S. 49f.) im Kontext des Ansatzes einer ENB. Das eigentliche Fortbildungskonzept wird hier als in zweifacher Hinsicht erweitert:

1. Zunächst sollen die an der Fortbildung teilnehmenden pädagogischen Fachkräfte das im Rahmen der Fortbildung erworbene Wissen in ihrer pädagogischen Praxis anwenden. In diesem Kontext steht also die Planung, Durch-

führung und Reflexion naturwissenschaftlicher Bildungsangebote im Sinne des Ansatzes einer ENB im Mittelpunkt.

2. Weiterhin soll durch einen Einbezug der übrigen Organisationsmitglieder der Kindertagesstätte die organisationale Verankerung des Ansatzes einer ENB gefördert werden. Im Fokus eines solchen Vorgehens steht die Überlegung, durch eine gezielte Erweiterung der Angebote die individuelle Wissensbasis Schritt für Schritt zu verlassen und das Lernen in der Organisation insgesamt zu adressieren (Probst, Büchel 1998, S. 22–24).

Für dieses Modul ist ein Arbeitsaufwand von etwa 40 Stunden erforderlich. Genauere Informationen hierzu sind dem folgenden Abschnitt 3.2 zu entnehmen.

3.2 Implementierung von Angeboten naturwissenschaftlicher Bildung

Stand im vorherigen Kapitel die Fortbildung der pädagogischen Fachkräfte im Mittelpunkt (vgl. Abschnitt 3.1), fokussieren die Überlegungen hier auf die Implementation des Ansatzes einer ENB.

Dafür soll die im vorherigen Abschnitt beschriebene Fortbildungskonzeption erweitert und ergänzt werden. Basis dafür sind Überlegungen aus dem Feld der *Organisationsentwicklung* (Schiersmann, Thiel 2014) und des *organisationalen Lernens* (Liebsch 2011, S. 73–75). Dabei wird zweischrittig vorgegangen. So werden in einem einführenden Abschnitt theoretische Grundlagen aus dem Feld der Organisationsentwicklung beschrieben (vgl. Abschnitt 3.2.1). Ein Fokus liegt dabei auf Fragestellungen des Lernens in Organisationen. Es folgt ein Abschnitt, in dessen Kontext diese Überlegungen angewendet werden. Ergebnis ist ein konkretes Implementationsmodell (vgl. Abschnitt 3.2.2) für den Ansatz einer ENB.

3.2.1 Individuelles und organisationales Lernen[9]

Im Abschnitt 3.1 wurde ein Fortbildungsmodell zur Implementation des Ansatzes einer ENB skizziert. Dies stellt einen ersten Schritt der organisationalen Verankerung des genannten Ansatzes in der jeweiligen Einrichtung dar. Um hier einen möglichst hohen Praxisübertrag zu erreichen, orientieren sich die Ergebnisse an gängigen Befunden der Implementationsforschung (Gräsel, Parchmann 2004).

9 Die Überlegungen im Rahmen dieses Kapitels basieren auf Asmussen (2019, S. 42–45).

Diese Prozesse des individuellen Lernens reichen jedoch nicht aus, um eine dauerhafte Verankerung der Überlegungen des Ansatzes einer ENB zu erreichen. Vielmehr bedarf es dazu organisationaler Lernformate. Im Fokus steht dabei die Frage, wie die Inhalte der Fortbildung dauerhaft allen Mitarbeiterinnen und Mitarbeitern der jeweiligen Kindertagesstätte zur Verfügung stehen können.

Unter *organisationalem Lernen* kann in erster Näherung ein intentionaler oder beiläufiger Prozess innerhalb einer Organisation verstanden werden, in dessen Rahmen auf der Basis individueller Lernprozesse die organisationale Basis geteilten Wissens erweitert wird. Betroffen sind davon insbesondere organisationale Wahrnehmungs-, Interpretations-, Aktions- und Bewertungsschemata (Jenner 2018, S. 31 f.; Feitner 2010, S. 49 f.). Organisationales Lernen unterscheidet sich dabei im Hinblick auf die Komplexität der zu realisierenden Lernprozesse erheblich. Üblich ist die folgende Einteilung:

1. *Lernen erster Ordnung:* Im Fokus stehen hier Korrekturen bei mangelnder Ziel-Ergebnis-Übereinstimmung. Hier werden also nur Handlungen verändert, um bestehende Ziele zu erreichen.
2. *Lernen zweiter Ordnung:* Bei diesem Lernprozess steht die Korrektheit der eigenen Ziele auf dem Prüfstand. Diese werden im Lernprozess verändert.
3. *Meta-Lernen:* Hierbei handelt es sich um die komplexeste Form organisationalen Lernens. Hier steht die Frage des Lernens als solche im Vordergrund. Es geht also bei diesem Lernprozess darum, herauszufinden, wie in einer Organisation gelernt wird. (Liebsch 2011, S. 73–75)

Der Weg vom individuellen zum *organisationalen Lernen* wird in der Literatur als ein Transformationsprozess verstanden. Dabei gilt es zwei zentrale Schritte zu durchlaufen. *Transparenz oder Artikulation* stellen den ersten Schritt dar. Hier geht es darum, das neue Wissen einem größeren Personenkreis zugänglich zu machen. Neben dem Dialog oder der Diskussion gilt es hier das neue Wissen dauerhaft verfügbar zu halten, zum Beispiel in der Form von Plänen, Papieren etc. In einem dritten Schritt geht es darum, das neue Wissen in die tägliche Arbeit zu integrieren. Damit verbunden ist immer ein Aushandlungs- und Standarisierungsprozess (Probst, Büchel 1998, S. 22–24). Von diesen Überlegungen stellt der Prozess organisationalen Lernens ein *Schnittstellenproblem* dar (Thommen et al. 2017, S. 442). Erfolgskritisch ist dabei zunächst die Kommunikation über neues Wissen, weiterhin dessen Dokumentation und schließlich dessen Transfer in das tägliche Handeln der Organisationsmitglieder. Bezugnehmend auf diese Schnittstellen liegen einige empirische Befunde für die Institution der Kindertagesstätte vor:

1. Fachlicher Diskursraum innerhalb der Kindertagesstätte sind wesentlich Arbeitstreffen, welche auf der Basis der Studie von Viernickel, Voss und

Mauz in 80 % der Kindertagesstätten als Arbeitsorganisationsform existieren (ebd. 2017, S. 82).
2. Kommunikation in Kindertagesstätten ist wesentlich informell geprägt und steht prinzipiell in ständiger Konkurrenz zum pädagogischen *Sachauftrag* (Lochner 2017, S. 143–146).
3. Kindertagesstätten sind wesentlich dialogisch geprägt. Dies betrifft insbesondere den häufig freundschaftlichen Kontakt der Kolleginnen und Kollegen untereinander (Asmussen 2019, S. 282–284). Damit korrespondiert ein Führungsstil, der von den Autorinnen der Studie mit dem Terminus der *Fürsorglichkeit* beschrieben wird (Nentwig-Gesemann, Nicolai, Köhler 2016, S. 31).
4. Dieses geringe Maß an Formalität spiegelt sich auf der Ebene der Dokumentation von Lernprozessen wider. Nur 55 % der von Voss, Viernickel und Mauz befragten Kindertagesstätten hatten eine Konzeption (ebd. 2017, S. 77).
5. In ihrer Berufspraxis orientieren sich pädagogische Fachkräfte stark an Alltagsvorstellungen und Erfahrungswissen. Dies konnten Beispielsweise von Bülow (2011, S. 141–146), Strohmer et al. (2013, S. 230) oder Sturzenhecker, Knauer und Dollase (2013, S. 31–36) zeigen.

Insgesamt deuten die Befunde darauf hin, dass es bezüglich der Institution der Kindertagesstätte einige Besonderheiten zu beachten gilt. Diese betreffen den überwiegend informellen Charakter der Kommunikation, die hohe Beziehungsdichte zwischen den pädagogischen Fachkräften, die starke Erfahrungsorientierung in Bezug auf arbeitsplatzbezogenes Wissen und die nicht immer vorhandene Tradition der Dokumentation von Arbeitsergebnissen. Letztendlich führen diese Überlegungen dazu, dass der organisationale Wandlungsprozess zu den Spezifika der Organisationskultur passen muss (Matlochkowsky 2008, S. 3) – wobei hier unter dem Terminus der *Organisationskultur* die organisationalen Wahrnehmungs-, Deutungs-, Handlungs- und Reflexionsschemata verstanden werden (Schein 2004, S. 17). Schaut man weiter auf die erfolgskritischen Faktoren von organisationalen Lernprozessen, so arbeitet Zinth in einem Review empirischer Studien die folgenden Punkte heraus:

1. Organisationales Lernen profitiert von der Reduktion von Komplexität im Prozessverlauf, zum Beispiel durch das Etablieren von Vorgehensweisen oder das Dokumentieren von Arbeitsergebnissen.
2. Organisationales Lernen wird entscheidend durch das Verhalten von Führungskräften mitgeprägt. Dies betrifft zum einen das Formulieren von Zielen, zum anderen die Prozessunterstützung.
3. Organisationales Lernen profitiert in seinem Ergebnis von methodischen Formen des gemeinsamen Arbeitens. (ebd. 2010, S. 71 f.)

In seinem Ergebnis stellt der Prozess des *organisationalen Lernens* einen Wandlungsprozess innerhalb der Organisation dar, welcher insbesondere in Abhängigkeit des Umfanges, seiner Tiefe und seiner Dynamik beschrieben werden kann (Trice, Beyer 1993, S. 396–399). Dabei wird im Zusammenhang der hier vorliegenden Überlegungen ein sozialwissenschaftliches Wandlungsverständnis (Schiersmann, Thiel 2014, S. 23; Werther, Jacobs 2014, S. 47; Nerdinger 2011, S. 150) zu Grunde gelegt. Das Modell des *Change Managements,* welches stark technokratisch einen Wandel als eine lineare Abfolge von im Vorfeld vollständig determinierbaren Phasen von einem Ist- zu einem Sollzustand plant (Lauer 2014, S. 3–6; Eberhardt 2012, S. 8; Kasper, Müller 2010, S. 183–192), wird als zu reduktionistisch abgelehnt (Cummings, Worley 2008, S. 2–5). In der Konsequenz sollen die drei folgenden Elemente betont werden:

1. Prozesse organisationalen Lernens verlaufen nicht linear im Sinne eines sequentiellen Phasenmodells. Vielmehr existieren oft zahlreiche Rückkopplungsschleifen. Änderungen der Abläufe sind eher die Regel als die Ausnahme.
2. *Widerstand* gegen Wandel von Seiten der betroffenen Mitarbeiterinnen und Mitarbeiter ist ein normales Phänomen. Dieser sollte nicht beseitigt, sondern vielmehr als Hinweis für bislang bestehende Defizite begriffen werden.
3. Gelingender Wandel setzt die Teilhabe der Mitglieder einer Organisation voraus. Im Fokus steht damit nicht ein Durchsetzen des Wandels, sondern eine Sicherstellung breiter *Partizipationsmöglichkeiten.* (Schiersmann, Ulrich-Thiel 2014, S. 24; Jick 2009, S. 412 f.; Piderit 2000, S. 420–427; Werther, Jacobs 2014, S. 47; Nerdinger 2011, S. 150)

3.2.2 Umrisse eines Implementationsmodells

Basierend auf den Überlegungen des vorangegangenen Textabschnittes gilt es im Rahmen der nun folgenden Überlegungen ein konkretes Implementationsmodell zur organisationalen Verankerung der Überlegungen im Kontext des Modells der ENB zu entwerfen. Dabei wird zweischrittig vorgegangen. In einem ersten größeren Textteil werden Arbeitsweisen für die Gestaltung des Wandlungsprozesses formuliert. Es folgen Überlegungen für einen möglichen Ablauf der Implementation.

Die Darstellung beginnt hier mit der Konkretisierung der Arbeitsweisen. Damit sind hier grundsätzliche Feldzugänge und Thematisierungswege innerhalb der Implementation gemeint. Dabei stehen die folgenden Aspekte im Vordergrund:

1. Anschluss an die Fortbildung: Startpunkt des organisationalen Wandlungsprozesses ist die in Abschnitt 3.1.2 beschriebene Fortbildung, die von zwei bis drei Fachkräften einer Einrichtung besucht wird. Dabei stehen in den Modulen I bis IV zunächst individuelle Lernprozesse der Fortbildungsteilnehmerinnen und Fortbildungsteilnehmer im Mittelpunkt. Ziel ist es, in diesem Zusammenhang den Ansatz der ENB umfassend kennenzulernen. In Modul V wird dann die Perspektive sukzessive auf die gesamte Einrichtung erweitert. Dabei rückt die Frage in den Mittelpunkt, wie der Ansatz der ENB in der Einrichtung als Ganzes umgesetzt werden kann. Dazu werden die gesamten pädagogischen Fachkräfte der Einrichtung mit einbezogen.
2. *Change Teams* als Promotoren des Wandels: Die drei Personen, die die Fortbildung besuchen, sind in der Einrichtung die Promotoren des Wandels. Sie treiben den Wandlungsprozess voran und stehen dem gesamten Team der Einrichtung als Ansprechpartnerinnen und Ansprechpartner im Kontext der Einführung des Ansatzes einer ENB zur Verfügung. Sie werden insgesamt als Change Team bezeichnet. Idealerweise umfasst das Change Team in mittleren und größeren Einrichtungen drei Personen, in kleineren Kindertagesstätten auch zwei. Dabei muss in beiden Fällen die Leitungsebene der Einrichtung durch mindestens eine Person vertreten sein (Asmussen 2019, S. 152).
3. Die Idee des *Safe Space:* Im Fokus dieser Idee steht die Überlegung, dass bestimmte Rahmenbedingungen besonders förderlich für Veränderungsprozesse sind. Adressiert werden damit insbesondere:

   - Offenheit für neue Deutungs- und Lösungsschemata
   - Aufforderung, neu, anders und kreativ zu denken
   - Erkunden von unterschiedlichen Problemlösungen
   - Offene kommunikative Praxis – insbesondere der Verzicht auf Werturteile (Kisfalvi, Oliver 2015, S. 714)

4. Langfristiger, punktueller Wandlungsprozess: Im Fokus des Wandlungsprozesses steht nicht das schnelle Implementieren eines Ansatzes, sondern ein langfristiger Wandlungsprozess in Bezug auf Fragen der naturwissenschaftlichen Bildung in der Kindertagesstätte. Ausgehend von der Idee einer Lernenden Organisation (Kluge, Schilling 2000, S. 179 f.) steht die dauerhafte Arbeit mit dem Konzept der ENB im Mittelpunkt. Diese besteht im Anschluss an die Implementation insbesondere in Aktivitäten der *Qualitätssicherung und -entwicklung* (Becker-Stoll, Wertfein 2013) in diesem Feld. Entsprechend dem relationalen Qualitätsbegriff (Brunner, Wagner 2008, S. 3) gilt es hier anhand konkreter Kriterien (Tietze, Viernickel 2007 (Hrsg.), S. 28) die *geforderte Beschaffenheit* einer naturwissenschaftlichen Bildung vor dem Hintergrund der Kernelemente des Ansatzes einer ENB in der Form

von Kriterien zu fassen und in einem zweiten Schritt deren Realisation in der pädagogischen Praxis zu untersuchen (Asmussen 2013, S. 85–92). Das Verhältnis von Ist- und Soll-Spezifika ist sodann Anlass für weitere organisationale Lernprozesse. Genauere Überlegungen werden hierzu in Abschnitt 3.3 angestellt.

5. Breite methodische Formate: Wie den Ausführungen des Abschnittes 3.2.2 entnommen werden kann, profitiert die Implementation von Programmen oder Inhalten zum einen von einem breiten methodischen Spektrum. Grundform bei der Implementation ist der regelmäßige Austausch zwischen dem sogenannten *Change Team* und den übrigen Mitgliedern des Teams (Asmussen 2019, S. 123–170). Vor diesem Hintergrund kommen vor dem Hintergrund der für die Organisationskultur typischen Aspekte unterschiedliche Arbeitsformen zum Einsatz:

- Information der Teammitglieder durch das Change Team
- Ausgabe von Arbeitsaufgaben durch das Change Team an die übrigen pädagogischen Mitarbeiterinnen und Mitarbeiter der Einrichtung
- Reflexion von konkreten Fällen aus dem Feld der naturwissenschaftlichen Bildung im Kontext einer *kollegialen Beratung* (Schlee 2012)
- Hospitation der Mitarbeiterinnen und Mitarbeiter bei Angeboten naturwissenschaftlicher Grundbildung durch die Mitglieder der Change Teams
- Gemeinsame Diskussion von erzielten Arbeitsergebnissen
- Formalisierung von Zielen und Arbeitsweisen im Kontext konzeptioneller Arbeitsweisen

Von diesen Arbeitsweisen ausgehend, soll nun der Ablauf der Implementation beschrieben werden. Dabei wird davon ausgegangen, dass organisationale Lern- und Veränderungsprozesse von einer Prozessstrukturierung profitieren (Zinth 2010, S. 71 f.). Der Ablauf ist jedoch nicht statisch im Sinne eines *Change Managements* (Lauer 2014, S. 3–6; Eberhardt 2012, S. 8; Kasper, Müller 2010, S. 183–192) zu verstehen. Vielmehr stellen die Überlegungen einen idealtypischen Verlauf dar. In vielen Fällen ist es sinnvoll diesen an die Bedingungen vor Ort anzupassen, zum Beispiel wenn eine Einrichtung schon Erfahrungen mit Fragen naturwissenschaftlicher Bildung hat. Konkret kann dies Änderungen in der Reihenfolge, die Hinzunahme neuer Prozesselemente, das Streichen von Phasen oder auch die Hinzunahme von Rückkopplungsschleifen bedeuten.

Unter Außerachtlassung einer solchen organisationalen Spezifikation ergibt sich der in Abbildung 16 (nächste Seite) dargestellte idealtypische Ablauf.

Die Phase A der Implementation besteht in einer regelmäßigen Information des pädagogischen Teams über die Inhalte der Fortbildungsinhalte. Dies geschieht im Rahmen der Dienstbesprechung im Umfang von etwa dreißig Minu-

Abbildung 16: Ablauf der Implementation in den einzelnen Kindertagesstätten

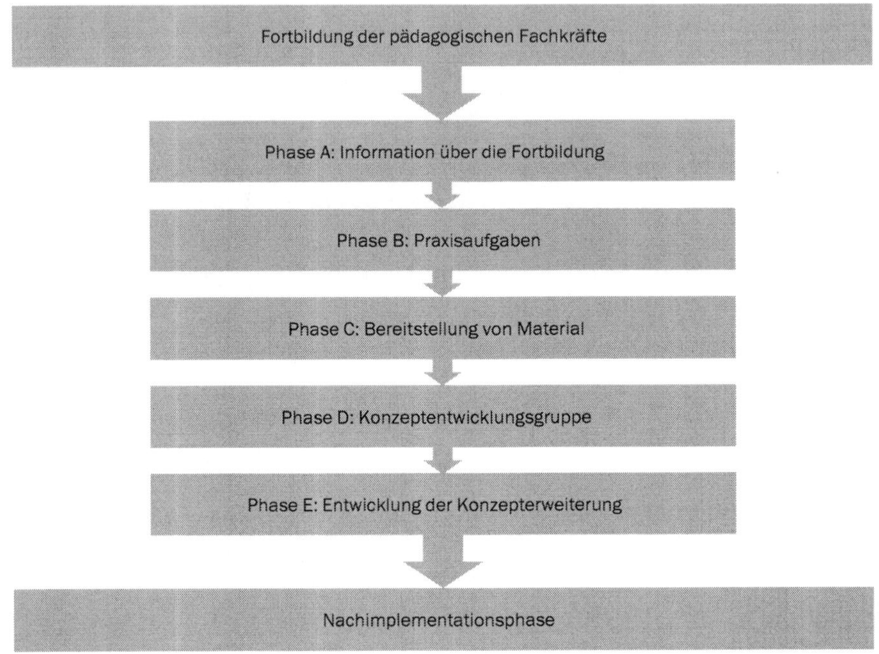

ten je Modul. Im Kontext des Moduls V erhalten die Mitglieder der Change Teams konkrete Aufgaben zur Gestaltung naturwissenschaftlicher Bildungsangebote mit den Kindern. Diese werden im Kontext der Phase B ebenfalls im Kontext von Dienstbesprechungen vorgestellt und diskutiert. Dies sollte mindestens zweimalig geschehen. In einem nächsten Schritt, der Phase C, werden den pädagogischen Mitarbeiterinnen und Mitarbeitern der Einrichtung von den Mitgliedern der Change Teams Materialpakete zur naturwissenschaftlichen Bildung zur Verfügung gestellt. Diese werden im Kontext des Moduls V von den Mitgliedern der Change Teams entwickelt. So können die übrigen Teammitglieder niedrigschwellig Angebote selber durchführen oder auch nur dabei Hospitieren. Die gemachten Erfahrungen werden sodann wieder diskutiert und reflektiert. Auf dieser Basis wird im nächsten Schritt, der Phase D, eine Konzeptentwicklungsgruppe gegründet. Diese erweitert das bestehende Change Team um zwei Personen aus dem pädagogischen Team. Diese Gruppe stellt nun die für die Einrichtung wesentlichen Überlegungen zur naturwissenschaftlichen Bildung auf der Basis des Ansatzes einer ENB zusammen. Das in diesem Zusammenhang entstehende Konzeptpapier, welches Ziele und Arbeitsweisen vor dem Hintergrund des erwähnten Ansatzes enthält, wird in der nächsten Dienstbesprechung vorgestellt, diskutiert und schließlich – sofern erforderlich – revidiert. Dies ist Gegenstand der Phase D.

Damit ist der Implementationsprozess im engeren Sinne abgeschlossenen. Insgesamt muss hierfür ein zeitlicher Umfang von etwa einem halben Jahr veranschlagt werden. Nach einer kurzen Pause von zwei Monaten beginnt die Nachimplementationsphase, deren Gegenstand die Einführung eines *Qualitätssicherungs- und Qualitätsentwicklungssystems* ist. Hierbei wird auf ein Indikatorensystem zurückgegriffen (Tietze, Viernickel 2007, S. 28). Ziel ist, anhand der Indikatoren einen systematischen Gesprächsanlass für alle pädagogischen Mitarbeiterinnen und Mitarbeiter zu schaffen und so die Qualität der naturwissenschaftlichen Bildung im Sinne des Ansatzes einer ENB im Dialog voranzutreiben (Kronberger Kreis 2001). Das Verfahren wird im Kontext des kommenden Abschnitts 3.3 detailliert beschrieben.

3.3 Qualitätssicherung und -entwicklung

Nachdem im vorherigen größeren Textabschnitt die Implementation des Ansatzes einer ENB im Mittelpunkt stand, stellen nun Fragen der Qualitätssicherung und -entwicklung den Arbeitsfokus dar. Dabei wird zweischrittig vorgegangen. Im Kontext des ersten Textteils werden Grundlagen zum Begriff der *Qualität* und dessen Rezeption im Feld der Elementarpädagogik skizziert (vgl. Abschnitt 3.3.1). Es folgt ein konkreter Vorschlag zur Sicherung und Entwicklung der Qualität vor dem Hintergrund des Ansatzes einer ENB. Dafür wird in diesem Abschnitt einleitend ein *Instrument* zur Qualitätsbeschreibung entwickelt. In der Folge soll der *Prozess* der Qualitätsentwicklung näher beschrieben werden (vgl. Abschnitt 3.3.2).

3.3.1 Grundlagen des elementarpädagogischen Qualitätsdiskurses

Das Qualitätskonzept entstammt nicht dem pädagogischen Begriffsraum. Vielmehr ist es systematisch dem Feld der Betriebswirtschaftslehre (Thommen 2017, S. 496f.) zuzuordnen. Hier wird Qualität als *relationales Konzept* verstanden (Schmitt, Pfeiffer 2015, S. 21). Zentral ist immer das Moment des Vergleiches zwischen einem normativen Bezugshorizont und deren empirischer Realisation. Anders formuliert: Der Grad an Qualität wird als das Verhältnis von *geforderter* und *realisierter Beschaffenheit* beschrieben (Kasper 2017, S. 278). Entspricht die *realisierte* der *geforderten Beschaffenheit,* so ist der gewünschte Zustand erreicht. Der Prozess, das Produkt/die Dienstleistung oder das System entsprechen in ihrer Beschaffenheit den im Vorfeld definierten Anforderungen. Fällt die realisierte Beschaffenheit hinter die Anforderungen zurück, liegt ein Qualitätsproblem vor. Übertrifft die realisierte Qualität die Anforderungen, so droht prinzipiell eine *Qualitätsfalle,* in deren Rahmen die Parameter unreflektiert über die gestellten Anforderungen hinaus optimiert werden. So drohen nicht unerhebliche unnötige Zusatzkosten (Helm, Stein 2008, S. 18).

Dieses Qualitätskonzept wurde in der Pädagogik sehr unterschiedlich aufgenommen. Klieme und Tippelt (ebd. 2009, S. 11) unterscheiden idealtypisch drei Gruppen von Rezipientinnen und Rezipienten:

1. Die Gruppe der AblehnerInnen und Ablehner, die das Qualitatskonstrukt als ungeeignet für die Pädagogik charakterisieren (Heid 2000, S. 24–27).
2. Die Gruppe der Kritiker, die Übertragungsprobleme im Kontext des Feldes der Pädagogik thematisieren (Honig 2004, S. 23–26).
3. Die Gruppe der Affirmisten, die das Konstrukt ohne Brüche auf die Pädagogik übertragen wollen (Ulber 2017, S. 46–48). (Asmussen 2019, S. 23 f.)

In der elementarpädagogischen Diskussion haben sich in der Folge eine ganze Reihe unterschiedlicher Zugänge zu Fragen der Qualitätssicherung und -entwicklung (§ 22 Absatz 1 Satz 1 TAG) herausgebildet (Altgeld und Stöbe-Blossey 2009, S. 8–12; Esch et al. 2006, S. 30–32; Honig 2004, S. 21 f.). Hier können folgende Zugänge unterschieden werden:

1. Die Klasse der *konzeptgebundenen Verfahrensweisen:* Hierbei handelt es sich um Verfahrensweisen, die Qualität vor dem Hintergrund einer bestimmten pädagogischen Programmatik konzipieren. Verwiesen sei hier beispielsweise auf den Ansatz, Qualität ausgehend von dem für Kindertagesstätten typischen *Situationsansatz* (Zimmer 2007) zu beschreiben. Ausgangspunkt sind in diesem Zusammenhang die zentralen Merkmale des Ansatzes, deren Erfüllung in der pädagogischen Praxis anhand eines Kataloges beobachtbarer Merkmale überprüft werden kann (Preissing, Heller 2009, S. 14).
2. Die Klasse der *indikatorenbasierten Verfahrensweisen:* Diese Verfahrensklasse ist im Rahmen Forschungstransferprojektes *Nationale Qualitätsoffensive (NQI)* entstanden. Zentrales Arbeitsergebnis ist der *Nationale Kriterienkatalog.* In dessen Rahmen wurde durch sukzessive Konkretisierung eine Sammlung von vielen hundert Kriterien entwickelt, die eine hochwertige pädagogische Praxis in der Kindertagesstätte beschreiben. Der Katalog umfasst dabei alle pädagogisch relevanten Tätigkeitsfelder in der Einrichtung. Die Mitarbeiterinnen und Mitarbeiter der jeweiligen Kindertagesstätte können so ihre Arbeit an wissenschaftlich fundierten Maßstäben einer guten Praxis messen (Tietze, Viernickel 2007, S. 28).
3. Die Klasse der *geschlossen-quantitativen Verfahrensweisen:* Hierbei handelt es sich um eine Verfahrensklasse, die einer nordamerikanischen Tradition des Messens von Qualität in Kindertagesstätten anhand vorbereiteter Instrumentarien entstammt (Zaslow et al. 2011). Ein Beispiel für eine solche Verfahrensweise ist die *Kindergarten-Einschätzskala (KES-R).* Hierbei han-

delt es sich um eine hochstandardisierte Skala, bei der in unterschiedlichen Arbeitsfeldern die pädagogische Qualität der Arbeit in der Kindertagesstätte eingeschätzt wird. Dazu müssen Beobachtungen mit kleineren Interviewanteilen zu insgesamt 43 Items vorgenommen werden. Ergebnis der Beobachtung sind Scores, die Auskunft über die realisierte Qualität der pädagogischen Arbeit in der Kindertagesstätte geben (Tietze et al. 2005).
4. Die Klasse der *konsensual-entwickelnden Verfahrensweisen:* Die Arbeiten innerhalb dieser Verfahrensklasse lehnen eine einheitliche Messung von Qualität anhand standarisierter Kriterien ab. Die Annahme ist hier vielmehr, dass dies nur durch die Praktikerinnen und Praktiker vor Ort vorgenommen werden kann. Dazu müssen die Qualitätsmaßstäbe in der jeweiligen Kindertagesstätte vor Ort bestimmt und in der Folge durch Kriterien messbar gemacht werden (Kronberger Kreis 2001). (Asmussen 2019, S. 23–25)

In der Reflexion der unterschiedlichen Zugänge zeigen sich zum einen jeweils verfahrensspezifische Defizite, zum anderen aber auch übergreifende Problemstellen. Zentral ist dabei der Aspekt der Vernachlässigung der Qualitätsentwicklung. Fokus der Verfahren ist insbesondere die Qualitätsbeschreibung (ebd. 2012, S. 18f.). Die Frage, wie Qualität im Sinne eines systematischen, organisationalen Lernprozesses (Liebsch 2011, S. 73–75) entwickelt werden kann, bleibt oft ungeklärt. Dieses Phänomen wird in der Betriebswirtschaftslehre als *Datenfriedhof* beschrieben. Es werden Ergebnisse gesammelt, deren Verwendung im Sinne eines kontinuierlichen Verbesserungsprozesses bleibt jedoch aus. In der Folge entsteht innerhalb der Organisation ein Bild, welches Qualitätsfragen als unnütze Zusatzaufgaben kennzeichnet. Die Orientierung der Organisation an Qualitätsfragen ist als gering einzustufen (Pasternack 2004, S. 9). Hierfür findet sich auch in der elementarpädagogischen Empirie eine Reihe von Belegen. Exemplarisch sei hier zunächst auf die folgenden drei Befunde hingewiesen:

1. Einer qualitativen Interviewstudie von Koch und Jüttner folgend, stellt die Qualitätssicherung und -entwicklung in Kindertagesstätten eine Überforderung dar, die unter den aktuellen Systembedingungen nicht zusätzlich geleistet werden kann (ebd. 2009).
2. Huppertz et al. untersuchten in einer quantitativen Befragungsstudie unter anderem die Frage, ob die einbezogenen Einrichtungen systematische Anstrengungen der Qualitätssicherung und -entwicklung unternehmen. Sie kommen dabei zu dem Schluss, dass dies in zwei Drittel der Kindertagesstätten nicht der Fall ist (ebd. 2008, S. 7).
3. Viernickel, Voss und Mauz legen eine der ersten organisationswissenschaftlichen Studien zu der Institution der Kindertagesstätte vor. Ein Ergebnis der quantitativen Teilstudie ist dabei, dass nur etwas mehr als die Hälfte der Kindertagesstätten überhaupt eine pädagogische Konzeption hat (ebd. 2017, S. 77).

Merchel fasst den Kenntnisstand wie folgt zusammen: Es

> „(...) ist eine eigentümliche Spannung zu registrieren zwischen Akzeptanz einerseits und Meidungsverhalten andererseits. Einerseits muss man sich als professioneller Akteur zur zentralen Bedeutung der Qualitätsnorm bekennen. Andererseits werden – mehr oder weniger verdeckt – subtile Hinweise gegeben, um sich der Qualitätszumutung wenigstens nicht allzu sehr öffnen zu müssen." (ebd. 2006, S. 203)

Diese Befundlagen sind in doppelter Hinsicht als problematisch zu bewerten. Zum einen muss aus einer juristischen Perspektive klar konstatiert werden, dass Maßnahmen der Sicherung und Entwicklung von Qualität in Kindertagesstätten rechtlich gefordert werden (§ 22 Absatz 1 Satz 1 TAG; § 78b Absatz 1 SGB VIII). Zum anderen ist aus unterschiedlichen Studien die nur durchschnittliche pädagogische Qualität elementarpädagogischer Angebote bekannt (zum Beispiel: Tietze et al. 1998, S. 361–364; Tietze et al. 2013, S. 143), was qualitätsbezogene Maßnahmen als besonders notwendig erscheinen lässt.

3.3.2 Ein Verfahrensvorschlag

Gegenstand des folgenden längeren Textabschnittes ist die Darstellung eines Verfahrens der Qualitätssicherung und -entwicklung vor dem Hintergrund des Ansatzes einer ENB. Basierend auf den Überlegungen des Abschnittes 3.3.1 müssen in diesem Rahmen Überlegungen zu den beiden folgenden Aspekten angestellt werden:

1. Was macht vor dem Hintergrund des Ansatzes einer ENB qualitätsvolle Arbeit in der Kindertagesstätte aus? Ziel ist es, in diesem Rahmen die *geforderte Beschaffenheit* der *sozialen Dienstleistung* (Kasper 2017, S. 278) zu beschreiben und zu operationalisieren (vgl. Abschnitt 3.3.1).
2. Basierend auf der Kritik, dass der überwiegende Teil des elementarpädagogischen Qualitätsdiskurses sich mit Fragestellungen der Qualitätsfeststellung befasst und Fragen der Qualitätsentwicklung im Sinne eines systematischen Prozesses des organisationalen Lernens (Liebsch 2011, S. 73–75) weitgehend außer Acht lässt (vgl. Abschnitt 3.3.1), soll hier ein Verfahren beschrieben werden, wie ein solcher Entwicklungsprozess strukturiert werden kann.

Beide Aspekte werden im folgenden Textverlauf nun näher beleuchtet:

Ad 1: Fragen der Qualitätsbeschreibung werden innerhalb des elementarpädagogischen Qualitätsdiskurses hoch heterogen diskutiert (Altgeld und Stöbe-Blossey 2009, S. 8–12; Esch et al. 2006, S. 30–32; Honig 2004, S. 21 f.). Unter

Rückgriff auf die Überlegungen des Abschnittes 3.3.1 wird hier für einen indikatorenbasierten Zugang votiert, da das Ziel ja darin besteht, die Qualität vor dem Hintergrund des hier zu verhandelnden Ansatzes der ENB zu beschreiben. Dabei wird im Sinne einer sukzessiven Deduktion vorgegangen. Die in diesem Zusammenhang stehenden Überlegungen werden im Kontext von Tabelle 9 dargestellt.

Ausgangspunkt sind dabei zunächst die *Elemente (E)* des Ansatzes einer ENB. Es folgt deren erste Konkretisierung anhand von *Dimensionen (D)*, wie in der linken Spalte wiedergegeben. Jeder Dimension ist in der Folge ein Satz von *Indikatoren (I)* zugeordnet, der in der rechten Spalte angesiedelt ist (Asmussen 2013, S. 86f.):

Tabelle 9: Elemente, Dimensionen und Indikatoren zur Qualitätsbeschreibung im Kontext des Ansatzes einer *Elementaren Naturwissenschaftlichen Grundbildung (ENB)* (nach Asmussen 2013, S. 88–92) (Fortsetzung nächste Seite)

(E1) Den Kindern stehen im Kontext der naturwissenschaftlichen Bildung offen-explorierende Formate zur Verfügung.	
(D1) Die Kinder können mit *Freihandversuchen* arbeiten.	(I1) Den Kindern stehen die Freihandversuche im Alltag der Kindertagesstätte zur Verfügung.
	(I2) Die Auswahl der Freihandversuche orientiert sich an didaktischen Kriterien, wie zum Beispiel die Verwendung von Alltagsmaterialien, die Möglichkeit der Variablenmanipulation (vgl. Abschnitt 2.2.1.1.1).
	(I3) Die eingesetzten Freihandversuche sind nach dem Konzept der *Phänomenkreise* zusammengestellt (vgl. Lange 2010, S. 21).
	(I4) Die Präsentation der Freihandversuche folgt dem didaktischen Konzept des Ansatzes einer ENB aus Außenkiste, Versuchsorientierung und Innenkiste (vgl. Abschnitt 2.2.1.1.2).
(D2) Die Kinder haben die Möglichkeit, sich weitgehend selbstgesteuert mit Versuchsstationen auseinanderzusetzen.	(I5) Die Versuchsstationen stehen den Kindern im Alltag der Einrichtung zur freien Verfügung.
	(I6) Die Konstruktion der Stationen orientiert sich an den in Abschnitt 2.2.1.2.1 genannten Kriterien, wie zum Beispiel Transparenz und Offenheit.
	(I7) Die Positionierung der Stationen in der Einrichtung folgt didaktischen Überlegungen, wie zum Beispiel der Ermöglichung *sozialer Lernprozesse* (vgl. Abschnitt 2.2.1.2.1).
	(I8) Die Stationen stehen den Kindern immer für einen begrenzten Zeitraum zur Verfügung und werden dann ausgetauscht (vgl. Abschnitt 2.2.1.2.1).

(E2) Die Kinder werden in ihrer Auseinandersetzung mit den Freihandversuche und Experimentierstationen durch die pädagogischen Fachkräfte begleitet.	
(D3) Die Fachkräfte beobachten die Kinder in ihrer Arbeit an den Freihandversuchen und Experimentierstationen.	(I9) Die Beobachtung findet in Zurückhaltung im Sinne einer *nichtteilnehmenden Beobachtung* statt.
	(I10) Die Beobachtung orientiert sich am Verfahren der *Lerntiefe* (Barriault 2008; Öhding 2008).
	(I11) Jedes Kind wird in regelmäßigen, größeren Abständen beobachtet.
	(I12) Die Beobachtungsergebnisse werden von den pädagogischen Fachkräften im Hinblick auf mögliche Unterstützungsleistungen reflektiert.
(D4) Die Fachkräfte unterstützen die Kinder bei ihren Tätigkeiten und Überlegungen.	(I13) Es gibt eine Vielzahl möglicher Unterstützungsleistungen, wie zum Beispiel kommunikative Angebote, zusätzliches Material oder auch regulierende Angebote (vgl. Abschnitt 2.2.2.2). Diese gilt es jeweils fallspezifisch auszuschöpfen.
	(I14) Alle Unterstützungsangebote müssen anschlussfähig an die Probleme, Fragestellungen und Handlungen der Kinder sein (König 2010, S. 55).
	(I15) Zentrale Bezugspunkte für die kommunikativen Unterstützungsmöglichkeiten sind Techniken aus dem Kontext des *Sustained Shared Thinkings* (Siraj-Blatchford et al. 2002, S. 8) und des *Scaffoldings* (Hopf 2012, S. 43).
	(I16) Unterstützungsleistungen werden dreiphasig organisiert. Im Fokus stehen dabei die Unterstützungseinleitung, die eigentliche Unterstützung und die Herauslösung der pädagogischen Fachkraft aus dem Setting (König 2010, S. 52 f.).

(E3) Zusätzlich zu den offenen Angeboten und einer diskursiven Bildungsbegleitung werden den Kindern systematischere naturwissenschaftliche Lehr-Lern-Settings angeboten.	
(D5) Zu den Freihandversuchen und den Experimentierstationen finden regelmäßig *Auswertungsgespräche* statt.	(I17) Auswertungsgespräche knüpfen explizit an Vorerfahrungen der Kinder aus anderen Angeboten im Kontext der Elemente einer ENB an.
	(I18) Auswertungsgespräche beschäftigen sich breit mit Grundfragen naturwissenschaftlicher Bildung. Leitend ist dabei das Konzept einer *Scientific Literacy* (Schiepe Tiska 2013, S. 193).
	(I19) Auswertungsgespräche orientieren sich an konzeptionellen Merkmalen, wie zum Beispiel Freiwilligkeit, oder einer inhaltlichen Fokussierung (vgl. Abschnitt 2.3.3.1).
	(I20) Der Aufbau und die inhaltliche Gestaltung der Auswertungsgespräche nimmt Bezug auf das *BSCS-5E-Modell* (Bybee et al. 2009).
(D6) Als weiteres, stärker strukturiertes Angebot finden zu ausgewählten Fragestellungen übergreifende *Projekte* statt.	(I21) Die Auswahl von Inhalten berücksichtigt didaktische Kriterien aus dem *Situationsansatz* (Kraska, Teuscher 2013, S. 81) und dem Konzept einer *Scientific Literacy* (Schiepe Tiska 2013, S. 193).
	(I22) Die thematische Aufstellung orientiert sich am Kriterium der *Multiperspektivität* (Thomas 2018, S. 108–117).
	(I23) Die Bearbeitungsweise der Projekte orientiert sich am Phasenmodell von Traub (2012, S. 104).
	(I24) Innerhalb der unterschiedlichen Arbeitsphasen kommen unterschiedliche Methoden zum Einsatz.

Ad 2: Im Kontext dieses Abschnittes gilt es nun zu klären, wie das oben beschriebene Verfahren zu einer systematischen Qualitätsentwicklung im Sinne eines organisationalen Lernprozesses (Jenner 2018, S. 31 f.; Feitner 2010, S. 49 f.) eingesetzt werden kann.

Inhaltlicher Anknüpfungspunkt ist das Ende der Implementationsphase. Hier gilt es nun die sechs Dimensionen des Ansatzes einer ENB sukzessive in den Blick den Blick zu nehmen. Personell wird dieser Schritt durch die Konzeptionsentwicklungsgruppe, welche aus dem Change Team und zwei weiteren Mitgliedern aus der Gruppe der pädagogischen Mitarbeiterinnen und Mitarbeiter besteht (Liebsch 2011, S. 73–75), umgesetzt. Startpunkt ist eine Teambesprechung, auf der zunächst eine der sechs Dimensionen ausgewählt wird, zu der in der Folge gearbeitet werden soll. Es folgt eine Selbsteinschätzung der eigenen Leistungen in der jeweiligen Dimension anhand der Indikatoren. Auf dieser Basis werden sodann Arbeitsziele vereinbart. Ziel ist es, eine Verbesserung der pädagogischen Arbeit in diesem Bereich anzustreben.

So könnte es zum Beispiel sein, dass im Kontext der Dimension D4, insbesondere der Technik des *Scaffoldings* (I15), noch wenig von den pädagogischen Mitarbeiterinnen und Mitarbeitern eingesetzt wird. Die Mitglieder der Konzeptionsgruppe würden dann das Verfahren noch einmal kurz vorstellen und alle pädagogischen Mitarbeiterinnen und Mitarbeiter bitten, die Methode bei sich zu erproben, einzusetzen und zu reflektieren. Diese Ergebnisse werden dann bei der nächsten Teambesprechung diskutiert. Sollten Unklarheiten bestehen bleiben, kann der Kreislauf erneut durchlaufen werden. Ansonsten würde dann eine weitere Dimension in den Fokus genommen werden. Die Gesprächsergebnisse werden am Ende eines jeden Zyklus kurz protokoliert. Abbildung 17 stellt das skizzierte Vorgehen noch einmal zusammenfassend dar.

Abbildung 17: Der Prozess der Qualitätsentwicklung (nach Tietze et al. 2016, S. 50)

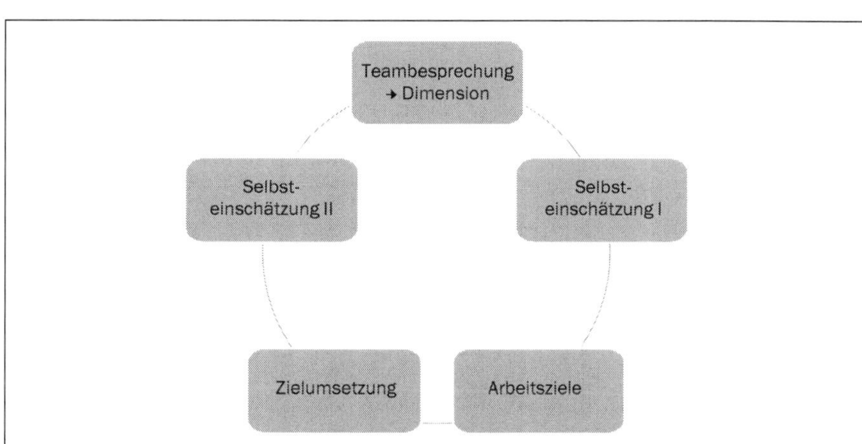

Auf diese Art und Weise beschäftigt sich das Team immer tiefer gehend mit dem Ansatz einer *Elementaren Naturwissenschaftlichen Grundbildung (ENB)* und verfeinert das pädagogische Können innerhalb der Konzeption.

Weiterführende Literatur

Steffensky, M.; Lankes, E.-M.; Carstensen, C.H.; Nölke, C. (2012): Alltagssituationen und Experimente: Was sind geeignete naturwissenschaftliche Lerngelegenheiten für Kindergartenkinder? Ergebnisse aus dem SNaKE-Projekt. In: *Zeitschrift für Erziehungswissenschaft*, Jg. 15, Nr. 1, doi: 10.1007/s11618-012-0262-3.

Liebsch, B. (2011): *Phänomen Organisationales Lernen. Kompendium der Theorien individuellen, sozialen sowie organisationalen Lernens in Netzwerken.* Mering: Hampe.

Nerdinger, F.W. (2011): Organisationsentwicklung. In Nerdinger, F.W.; Blickle, G.; Schaper, N. (Hrsg.), *Arbeits- und Organisationspsychologie* (S. 149–158). Berlin: Springer.

Neubauer, W. (2003): *Organisationskultur.* Stuttgart: Kohlhammer.

Viernickel, S.; Voss, A.; Mauz, E. (2017): *Arbeitsplatz Kita. Belastungen erkennen, Gesundheit fördern.* Weinheim: Beltz.

Werther, S.; Jacobs, C. (2014): *Organisationsentwicklung – Freude am Change.* Berlin: Springer.

Brunner, F.J.; Wagner, K.W. (2008): *Taschenbuch Qualitätsmanagement – Leitfaden für Studium und Praxis.* München: Hanser.

Esch, K.; Klaudy, E.K.; Micheel, B.; Stöbe-Blossey, S. (2006): *Qualitätskonzepte in der Kindertagesbetreuung – Ein Überblick.* Wiesbaden: VS Verlag

Reflexionsfragen

1. Startpunkt der im obigen Textabschnitt beschriebenen Fortbildung ist ein Zugang des *autobiographischen Lernens.* Bitte Fragen Sie sich selbst, welche Erfahrungen Sie mit Formaten naturwissenschaftlicher Bildung in Ihrer eigenen Bildungsbiographie gemacht haben. Bitte gliedern Sie Ihre Überlegungen in positive, neutrale und negative Erfahrungen.
2. Im Kontext der oben skizzierten Fortbildung werden auch *Core Concepts* aus dem Feld der Naturwissenschaften thematisiert. Bitte nennen Sie, über die genannten Beispiele hinaus, fünf solcher für die Naturwissenschaften grundlegenden Konzepte.
3. Innerhalb der Professionsdebatte in der Elementarpädagogik sind eine ganze Reihe von Studien entstanden, die die oft problematischen Lernausgangslagen pädagogischer Fachkräfte beschreiben. Man spricht hier, wie weiter oben ausgeführt, vom *Defizit-Diskurs.* Finden Sie bitte aufgrund einer eigenen Recherche drei weitere Studien zu dieser Thematisierungsweise.
4. Nennen Sie jeweils zwei Beispiele aus dem Feld der naturwissenschaftlichen Grundbildung für das Lernen *erster* und *zweiter Ordnung* sowie das *Meta-Lernen.*
5. Diskutieren Sie die Chancen und Grenzen des weiter oben dargestellten Qualitätsbegriffes der Betriebswirtschaftslehre für die Elementarpädagogik. Gehen Sie in diesem Zusammenhang insbesondere auf Fragen der Partizi-

pation von Kindern und Eltern, beziehungsweise andersherum gefragt, auf Fragestellung von Macht in Organisationen vor dem Hintergrund von Maßnahmen der *Qualitätssicherung und -entwicklung* ein.

Literatur

Abruscato, J.; DeRosa, D. A. (2010): *Teaching Children Science – a discovery Approach.* Boston: Pearson.

Aeschlimann, U. (1999): *Mit Wagenschein zur Lehrkunst – Gestaltung, Erprobung und Interpretation dreier Unterrichtsexempel zu Physik, Chemie und Astronomie nach genetisch-dramaturgischer Methode.* Online http://archiv.ub.uni-marburg.de/diss/z2000/0391/pdf/dua.pdf (21. 05. 2019/11:00 Uhr).

Aktionsrat Bildung (2012): *Professionalisierung in der Frühpädagogik.* Münster: Waxmann.

Alemzadeh, M.; Rosenfelder, D. (2009): Grundzüge einer elementaren Didaktik im Bildungsbereich – Naturwissenschaften – Perspektiven (S. 11–20). In: Schäfer, G. E.; Alemzadeh, M.; Eden, H.; Rosenfelder, D.: *Natur als Werkstatt.* Weimar: Verlag das Netz.

Altgeld, K.; Stöbe-Blossey, S. (2009): Qualitätsmanagement in Kindertageseinrichtungen: Trends, Perspektiven, Lösungsansätze (S. 7–20). In Altgeld, K.; Stöbe-Blossey, S. (Hrsg.), *Qualitätsmanagement in der frühkindlichen Bildung, Erziehung und Betreuung. Perspektiven für die öffentliche Qualitätspolitik.* Wiesbaden: Verlag für Sozialwissenschaften.

Amin, T. G.; Smith, C. L.; Wiser, M. (2014): Students Conceptions and Conceptual Change: Three overlapping Phases of Research (57–81). In: Ledermann, N. G.; Abell, S. K. (Hrsg.): *Handbook of Research on Science Education (Volume II).* New York: Routledge.

Ansbacher, T. (2010): John Deweye's Experience and Museum – Lessons for Museums (S. 36–49). In *CURATOR: The Museum Journal* (41/1).

Asmussen, S. (2019): *Organisationsforschung in Kindertagesstätten – Studie zu den Wirkungen der Balanced Scorecard auf organisationskulturelle Variablen.* Berlin: Springer.

Asmussen, S. (2013): *Naturwissenschaftliche Bildung im Elementarbereich.* Hamburg: Kovac.

Asmussen, S. (2012): *Qualitätssicherung und -entwicklung in der Elementarpädagogik.* Hamburg: Kovac.

Asmussen, S. (2009): Der Einfluss der MINIPHÄNOMENTA auf die methodisch-formalen naturwissenschaftlichen Fähigkeiten von Schülerinnen und Schülern der Primarstufe. Skizze einer Interventionsstudie im Kontext eines naturwissenschaftlichen Bildungsprojekts. In: www.widerstreit-sachunterricht.de (13).

Autorengruppe Fachkräftebarometer (2017): *Fachkräftebarometer Frühe Bildung 2017. Weiterbildungsinitiative Frühpädagogische Fachkräfte.* München.

Backes, C.; Eckert, B.: Jodl, H. J.; Kunz, K.; Scheffler, S.; Stetzenbach, W.; Weiss, K. (1997): Low-Cost-High-Tech – Moderne Freihandversuche für den Physikunterricht (S. 23–29). In: *PLUS LUCIS* (2).

Bamler, V., Schönberger, I.; Wustmann, C. (2010): *Lehrbuch Elementarpädagogik.* Weinheim und München: Juventa.

Barriault, C. (2008): Supporting Learning: Assessing the Visitor Learning Experience Through Research in Science Centres (S. 15–24). In: Michelsen, C. (Hrsg.): *Proceedings of the Fourth Nordic Network of Researchers in Science Communication Symposium.* Online verfügbar: https://www.google.com/search?client=safari&rls=en&q=Proceedings+of+the+Fourth+Nordic+Network+of+Researchers+in+Science+Communication+Symposium&ie=UTF-8&oe=UTF-8 (13. 05. 2013/13:00 Uhr).

Becker-Stoll, F.; Wertfein, M. (2013): Qualitätsmessung und Qualitätsentwicklung in Kindertageseinrichtungen (S. 845–856). In: Stamm, M.; Edelmann, D. (Hrsg.): *Handbuch frühkindliche Bildungsforschung.* Berlin: Springer.

Bendt, U.; Erler, C. (2008): *Aus bewährter Praxis die eigene Kita-Konzeption entwickeln.* Mülheim an der Ruhr: Verlag an der Ruhr.

Bergmann, M.; Schramm, E. (2008): Innovation durch Integration – Eine Einleitung (S. 7–18). In: ebd. (Hrsg.): *Transdisziplinäre Forschung – Integrative Forschungsprozesse verstehen und bewerten.* Frankfurt am Main: Campus.

Boland, A. (2011): *Forschendes und biografisches Lernen – Das Modellprojekt Forschungswerkstatt in der Lehrerbildung.* Bad Heilbrunn: Klinkhardt.

Bossi, C. B.: Lieger, C.; Kucharz, D. (2014): Die Struktur der teilnehmenden frühpädagogischen Einrichtungen in der Schweiz und in Deutschland (S. 85–98). In: Kucharz, D.; Mackowiak, K.; Ziroli, S.; Kauertz, A.; Rathgeb-Schnierer, E.; Dieck, M. (Hrsg.): *Professionelles Handeln im Elementarbereich (PRIMEL) – Eine deutsch-schweizer Videostudie.* Münster: Waxmann.

Brunner, J. (2018): *Professionalität in der Frühpädagogik. Perspektiven pädagogischer Fachkräfte im Kontext einer inklusiven Bildung.* Berlin: Springer.

Brunner, F. J.; Wagner, K. W. (2008): *Taschenbuch Qualitätsmanagement: Leitfaden für Studium und Praxis.* Hamburg: Hanser.

Brünning, B. (2015): *Philosophieren mit Kindern. Eine Einführung in Theorie und Praxis.* Münster Lit.

Bybee, R. W. (2014): The BSCS 5E Instructional Model: Personal Reflections and Contemporary Implications (S. 10–13). In: *Science & Children* (51/8).

Bybee, R. W. (2009): *The BSCS 5E Instructional Model and 21st Century Skills – Paper prepared for the Workshop on Exploring the Intersection of Science Education and the Development of 21st Century Skills, National Research Council.* Online: http://www7.nationalacademies.org/bose/21CentSKillUploads.html (08. 11. 12/14:00 Uhr).

Bybee, R. W. (2002): Scientific Literacy – Mythos oder Realität? (S. 21–43) In: Gräber, W.; Nentwig, P.; Koballa, T.; Evans, R. (Hrsg.): *Scientific Literacy – Der Beitrag der Naturwissenschaften zur allgemeinen Bildung.* Opladen: Leske + Budrich.

Bybee, R. W. (1997): *Achieving Scientific Literacy – From Purpose to Practice.* Portsmouth: Heinemann.

Bybee, R. W.; McCrae, B.; Laurie, R. (2009): PISA 2006: An Assessment of Scientific Literacy. In: *Journal of Research in Science Teaching* (43/8).

Bybee, R. W.; Taylor, J. A.; Gardner, A.; Scotter, P. V.; Powell, J. C.; Westbrook, A.; Landes, N. (2006): *The BSCS 5E Instructional Modell: Origins and Effectivness.* Online: https://www.researchgate.net/publication/242363914_The_BSCS_5E_Instructional_Model_Origins_Effectiveness_and_Applications (21. 05. 2019/10:00 Uhr).

Carnap, R. (1986): *Einführung in die Philosophie der Naturwissenschaften.* Frankfurt am Main: Ullstein.

Cloos, P. (2011): Frühpädagogische Fallarbeit. Von der Beobachtung zum förderlichen Angebot (S. 172–187). In: Cloos, P.; Schulz, M. (Hrsg.): *Kindliches Tun beobachten und dokumentieren – Perspektiven auf die Bildungsbegleitung in Kindertageseinrichtungen.* Weinheim und München: Juventa.

Cloos, P.; Schulz, M. (Hrsg.) (2011): *Kindliches Tun beobachten und dokumentieren – Perspektiven auf die Bildungsbegleitung in Kindertageseinrichtungen.* Weinheim und München: Juventa.

Colberg-Schrader, H.; Krug, M. (1999): *Arbeitsfeld Kindergarten. Pädagogische Wege, Zukunftsentwürfe und berufliche Perspektiven.* Weinheim und München: Juventa.

Conrads, N. (2011): Erwerb von Modellkompetenz als Bildungsziel des Sachunterrichts. In: www.widerstreit-sachunterricht.de, Nr. 17.

Cummings, T. G.; Worley, C. G. (2009): *Organization development & change.* Mason: Cengage Learning.

DeBoer, G. E. (2000): Scientific Literacy: Another Look at Its Historical and Contemporary Meanings and Its Relationship to Science Education Reform (S. 582–601). In: *Journal of Research in Science Teaching* (37/6).

Dhein, A. (2011): *Lernen in Explorier- und Experimentiersituationen – Eine explorative Studie zu Bedeutungsentwicklungsprozessen bei Kindern im Alter zwischen 4 und 6 Jahren.* Berlin: Logos.

diSessa, A. A. (2014): *A History of Conceptual Change Research: Treads an Fault Lines.* Online: https://escholarship.org/uc/item/1271w50q (21. 05. 2019/10:00 Uhr).

Eberhardt, D. (2012): Like it – lead it – change it – Führung im Veränderungsprozess. In Eberhardt, D. (Hrsg.), *Like it – lead it – change it – Führung im Veränderungsprozess* (S. 5–16). Berlin: Springer.

Engels, H. (2004): *„Nehmen wir an …" – Das Gedankenexperiment in didaktischer Absicht.* Weinheim: Beltz.

Englert, A.; Kiupel, M. (2012): Der außerschulische Lernort Science Center (S. 141–148). In: Dernbach, B.; Kleinert, C.; Münder, H. (Hrsg.): *Handbuch Wissenschaftskommunikation.* Berlin Springer.

Esch, K.; Klaudy, E. K.; Micheel, B.; Stöbe-Blossey, S. (2006): *Qualitätskonzepte in der Kindertagesbetreuung.* Wiesbaden: VS-Verlag.

Evanschitzky, P.; Lohr, C.; Hille, K. (2008): Mathematische und Naturwissenschaftliche Bildung im Kindergarten – Untersuchung der Wirksamkeit einer beruflichen Fortbildung von Erzieherinnen (S. 469–481). In *Diskurs Kindheits- und Jugendforschung,* Heft 4.

Falk, J.; Storksdieck, M. (2005): *Using the Contextual Model of Learning to Understand Visitor Learning from a Science Center Exhibition.* Online: https://onlinelibrary.wiley.com/doi/pdf/10.1002/sce.20078 (21. 06. 2019/16:00 Uhr).

Feitner, P. (2010): Organisationales Lernen als partizipatives Gestaltungskonzept für kleinere und mittlere Unternehmen. Frankfurt am Main: Peter Lang.

Fiesser, L.; Kiupel, M. (1999): *Interaktive Exponate – Mehr als eine Attraktion für Kids.* Online: http://www.phaenomenta.com/flensburg/phaenomenta/publikationen/Artikel_Interaktive_Experimente.pdf (24. 4. 2013/11:00 Uhr).

Fisher, J. (2016): *Interacting or Interfering – Improving interactions in the early years.* Berkshire: Mc Craw Hill.

Fleck, L. (1980): *Entstehung und Entwicklung einer wissenschaftlichen Tatsache.* Frankfurt am Main: Suhrkamp.

Frank, S. (2013): Kompetente Bildung oder eingebildete Kompetenz? Kompetenzen als inhaltsdidaktische Leitgröße. In: *Magazin Erwachsenenbildung.at* (20).

Frantz-Pittner, A.; Grabner, S.; Bachmann, G. (Hrsg.) (2011): *Science Center Didaktik – Forschendes Lernen in der Elementarpädagogik.* Baltmannsweiler: Schneider.

Frey, K. (2012): *Die Projektmethode – Der Weg zum bildenden Tun.* Weinheim: Beltz.

Fröhlich, M. (2004): *Philosophieren mit Kindern – ein Konzept.* Münster: LIT.

Fröhlich-Gildhoff, K.; Nentwig-Gesemann, I.; Pietsch, S. (2011): *Kompetenzorientierung in der Qualifizierung frühpädagogischer Fachkräfte.* WiFF Expertisen, Band 19. München.

Fthenakis, W. E. (2003): Zur Neukonzeption von Bildung in der frühen Kindheit (S. 18–37). In: ebd. (Hrsg.): *Elementarpädagogik nach PISA – Wie aus Kindertagesstätten Bildungseinrichtungen werden können.* Freiburg: Herder.

Fthenakis, W. E.; Wendell, A.; Eitel, A.; Daut, M.; Schmitt, A. (2012): *Frühe Naturwissenschaftliche Bildung.* Braunschweig: Westermann.

Geier, M. (1992): *Der Wiener Kreis.* Hamburg: rororo.

Gesellschaft für die Didaktik des Sachunterrichts (GDSU) (Hrsg.) (2012): *Perspektivrahmen Sachunterricht.* Bad Heilbrunn: Klinkhardt.

Geyer, C. (2008): *Museums- und Science-Center-Besuche im naturwissenschaftlichen Unterricht aus einer motivationalen Perspektive - Die Sicht von Lehrkräften und Schülerinnen und Schülern.* Berlin: Logos.

Giest, H. (2012): Lernen und Lehren im Sachunterricht - Zum Verhältnis von Konstruktion und Instruktion (S. 15–24). In: Giest, H.; Heran-Dörr, E.; Archie, C. (Hrsg.): *Lernen und Lehren im Sachunterricht - Zum Verhältnis von Konstruktion und Instruktion.* Bad Heilbrunn: Klinkhardt.

Goschke, T. (2017): Volition und kognitive Kontrolle (S. 251–318). In: Müsseler, J.; Rieger, M. (Hrsg.): *Allgemeine Psychologie.* Berlin: Springer.

Gräsel, C.; Prachmann, I. (2004): Implementationsforschung - oder: der steinige Weg, Unterricht zu verändern (S. 192–214). In: *Unterrichtswissenschaft* (32/3).

Grell, F. (2010): Über die (Un-)Möglichkeit, Früherziehung durch Selbstbildung zu ersetzen (S. 154–167). In *Zeitschrift für Pädagogik* (56/2).

Grochla, N. (2008). *Qualität und Bildung.* Berlin: LIT-Verlag.

Grünkorn, J. (2014): *Modellkompetenz im Biologieunterricht - Empirische Analyse von Modellkompetenz bei Schülerinnen und Schülern der Sekundarstufe I mit Aufgaben im offenen Antwortformat.* Online: https://refubium.fu-berlin.de/handle/fub188/3706 (21.05.2019/ 10:00 Uhr).

Grygier, P.; Günther, J.; Kircher, E. (2007): *Über Naturwissenschaften Lernen: Vermittlung von Wissenschaftsverständnis in der Grundschule.* Hohengehren: Schneider.

Hacking, I. (1996): *Einführung in die Philosophie der Naturwissenschaften.* Stuttgart: Reclam.

Hamm, A. (2015): *Wissensvermittlung im Science Center - Kontextualisierte interaktive Ausstellungen als Wissensquelle für Erwachsene.* Online: http://geb.uni-giessen.de/geb/volltexte/2016/11908/ (21.05.2019/11:00 Uhr).

Hartinger, A.; Grygier, P.; Tretter, T.; Ziegler, F. (2013): *Lernumgebungen zum naturwissenschaftlichen Experimentieren.* Online: https://www.fachportal-paedagogik.de/literatur/vollanzeige?FId=1003758#vollanzeige (21.05.2019/11:00 Uhr).

Hartinger, A.; Giest, H. (2015): Perspektivrahmen Sachunterricht (257–267). In: Kahlert, J.; Fölling-Albers, M.; Götz, M.; Hartinger, A.; Miller, M.S.; Wittkowske, S. (Hrsg.): *Handbuch Didaktik des Sachunterrichts.* Bad Heilbrunn: Klinkhardt.

Heid, H. (2000): Qualität - Überlegungen zur Begründung einer pädagogischen Beurteilungskategorie (S. 41–51). In: Helmke, A.; Hornstein, W.; Terhart, E. (Hrsg.): *Zeitschrift für Pädagogik,* 41. Beiheft. Weinheim: Beltz.

Helm, R.; Stein, M.; (2008): *Präferenzmessung. Methodengestützte Entwicklung zielgruppenspezifischer Produktinnovationen.* Stuttgart: Kohlhammer.

Hodson, D. (2008): *Towards Scientific Literacy - A Teachers' Guide to the History, Philosophy and Sociology of Science.* Rotterdam: SensePublishers.

Holbrook, J.; Rannikmae, M. (2009): The Meaning of Scientific Literacy (S. 275–288). In: *International Journal of Environmental & Science Education, Special Issue on Scientific Literacy* (4/3).

Holst, S. (2005): *Entwicklung und Evaluation interaktiver Experimentierstationen - Eine Studie zur Überprüfung der Bildungswirksamkeit erfahrungsfördernder Experimentierstationen in der Primar- und Orientierungsstufe.* Tönning: Der Andere Verlag.

Höner, K.; Preißler, I.; Looß, M.; Müller, R. (2016): Geschlechterunterschiede im Hinblick auf Interessen von Kindergartenkindern an Natur und Technik (S. 59–78). In: K. Höner, M.; Looß, R.; Müller, A.; Strahl (Hrsg.): *Naturwissenschaften vermitteln: Von der frühen Kind-*

heit bis zum Lehrerberuf. Braunschweiger Beiträge zu Lehrerbildung und Fachdidaktik, Bd. 5, Braunschweig: BoD.

Honig, M.-S.; Joos, M.; Schreiber, N. (2004): *Was ist ein guter Kindergarten? Theoretische und empirische Analysen zum Qualitätsbegriff in der Pädagogik.* Weinheim und München: Juventa.

Hopf, M. (2012): *Sustained Shared Thinking im frühen naturwissenschaftlich-technischen Lernen.* Münster: Waxmann.

Hößle, C.; Höttecke D.; Kircher, E. (2004): *Lehren und lernen über die Natur der Naturwissenschaften.* Baltmannsweiler: Schneider.

Howard, L. F. (2010): *Five easy Steps to a Balanced Science Program for Primary Grades – Kindergarten to Grade 2.* Engelwood: The Leadership and Learning Center.

Höttecke, D. (2001): *Die Natur der Naturwissenschaften historisch verstehen – Fachdidaktische und wissenschaftshistorische Untersuchungen.* Berlin: Logos.

Huppertz, N.; Gebhard, K.; Meurer, M.; Röbe, E.; Aicher-Jakob, M.; Caravassili, E.; Käsemann, N.; Füssenich, I.; Merkel-Wörner, O. (2008): *Implementierung des Orientierungsplans für Bildung und Erziehung für die baden-württembergischen Kindergärten – Pilotphase. Dritter Zwischenbericht der wissenschaftlichen Begleitung, Berichtsjahr 2008.* Online: https://www.ph-ludwigsburg.de/fileadmin/subsites/3c-spch-t-01/2009-0320_Dritter_Zwischenbericht_Berichtsjahr_2008_Orientierungsplan-Kindergarten-1.pdf (13.01.2018/ 12:00 Uhr).

Jackewitz, I.; Janneck, M.; Pape, M. (2002): Vernetzte Projektarbeit mit CommSy (S. 35–44). In: Herczeg, M.; Prinz, W.; Oberquelle, H. (Hrsg.): *Mensch & Computer 2002: Vom interaktiven Werkzeug zu kooperativen Arbeits- und Lernwelten.* Stuttgart: B. G. Teubner.

Jenner, A. (2018*): Lernen von Mitarbeitenden und Organisationen als Wechselverhältnis – Eine Studie zu kooperativen Bildungsarrangements im Feld der Weiterbildung.* Berlin: Springer.

Jick, T. D. (2009): *The Recipients of Change.* In: Burke, W. W.; Lake; D. G.; Paine, J. W. (Hrsg.), *Organization change – a comprehensive reader* (S. 404–417). San Francisco: Jossey-Bass.

Jonen, A.; Möller, K.; Hardy, I. (2003): Lernen als Veränderung von Konzepten – am Beispiel einer Untersuchung zum naturwissenschaftlichen Lernen in der Grundschule (S. 93–108). In: Cech, D.; Schwier, H.-J. (Hrsg.): *Lernwege und Aneignungsformen im Sachunterricht.* Bad Heilbrunn: Klinkhardt

Kahlert, J. (2016): *Der Sachunterricht und seine Didaktik.* Bad Heilbrunn: Klinkhardt.

Kasper, B. (2017): *Implementation von Schulqualität – Governanceanalyse des Orientierungsrahmens Schulqualität in Niedersachsen.* Berlin: Springer.

Kasper, H.; Müller, B. (2010): Analyse von Veränderungsprozessen (S. 182–207). In: Mayrhofer, W.; Meyer, M.; Titscher, S. (Hrsg.), *Praxis der Organisationsanalyse. Anwendungsfelder und Methoden.* Wien: UTB.

Kauertz, A. (2012): Naturwissenschaftliches Denken (S. 86–123). In: Kucharz, D. (Hrsg.): *Elementarbildung.* Weinheim: Beltz.

Keller, A. M. (2009): *Bildung in der frühen Kindheit.* Landau: Verlag für Empirische Pädagogik.

Kisfalvi, V.; Oliver, D. (2015): Creating and Maintaining a Safe Space in Experiential Learning (S. 713–740). In: *Journal of management Education* (39/6).

Kiupel, M. (1999): Natur und Technik erleben und begreifen (S. 2816–2819): *PHÄNOMENTA.* In: *Museum aktuell* (69).

Klafki, W. (2005): Allgemeinbildung in der Grundschule und der Bildungsauftrag des Sachunterrichts. In: www.widerstreit-sachuterricht.de (4).

Klieme, E.; Tippelt, R. (2008): Qualitätssicherung im Bildungswesen – Eine aktuelle Zwischenbilanz. In: ebd. (Hrsg.): *Zeitschrift für Pädagogik,* Beiheft Nr. 53, S. 7–13.

Kluge, A.; Schilling, J. (2000): Organisationales Lernen und Lernende Organisation – ein Überblick zum Stand von Theorie und Empirie (S. 179–191). In: *Zeitschrift für Arbeits- und Organisationspsychologie* (44/4).

Koch, K.; Jüttner, A.-K. (2007): Kindertageseinrichtungen zwischen Dienstleistung, Bildungsauftrag und pädagogischer Qualität. In: www.bildungsforschung.org (4/1).

Koch, S.; Krell, M.; Krüger, D. (2015): Förderung der Modellkompetenzdurch den Einsatz einer Blackbox (S. 93–108). In: *Erkenntnisweg Biologiedidaktik*. Online: https://www.bcp.fu-berlin.de/biologie/arbeitsgruppen/.../Erkenntnisweg/2015/Koch.pdf (21.05.2019/11:00 Uhr).

Köhnlein, W. (2015): Aufgaben und Ziele des Sachunterrichts (S. 88–97): In: Kahlert, J.; Fölling-Albers, M.; Götz, M.; Hartinger, A.; Miller, S.; Wittkowske, S. (Hrsg.): *Handbuch Didaktik des Sachunterrichts*. Bad Heilbrunn: Klinkhardt.

König, A. (2010): *Interaktion als didaktisches Prinzip*. Troisdorf: Bildungsverlag EINS.

Kosler, T. (2017): Neue philosophische Ansätze zur Charakterisierung der naturwissenschaftlichen Perspektive in ihrer Relevanz für den Sachunterricht (S. 116–125). In: Giest, H.; Hartinger, A.; Tänzer, S. (Hrsg.): *Vielperspektivität im Sachunterricht*. Bad Heilbrunn: Klinkhardt.

Krahn, S. (2005): *Untersuchungen zum intuitiven naturwissenschaftlichen Wissen von Kindern im Alter zwischen zwei und sieben Jahren*. Online: https://pub.uni-bielefeld.de/record/2303984 (21.05.2019/10:00 Uhr).

Kraska, L.; Teuscher, L. (2013): *Naturwissenschaftliche Bildung in der Kita*. München: Reinhardt.

Krause, M.; Mayr, T. (2015): KOMPIK – Ein Instrument für kindbezogene und individuelle Bildungsplanung und -gestaltung (S. 207–219). In: Reickert-Garschhammer, E.; Kieferle, C.; Wertfein, M.; Becker-Stoll, F. (Hrsg.), *Inklusion und Partizipation – Vielfalt als Chance und Anspruch*. Göttingen: Vandenhoeck & Ruprecht.

Krautz, J. (2015): Zersetzung von Bildung: Ökonomismus als Entwurzelung und Steuerung. Ein Essay (S. 101–138). In: *Coicidentia: Zeitschrift der Kueser Akademie für Europäische Geistesgeschichte*, Beiheft 5. Bernkastel-Kues: Aschendorff.

Krenz, A. (2010): „Bildung von Anfang an" – Was Kinder für ihre Persönlichkeitsentwicklung brauchen und was sie nicht benötigen (S. 15–33). In: ebd. (Hrsg.): *Kinderorientierte Elementarpädagogik*. Göttingen: Vandenhoeck & Ruprecht.

Kronberger Kreis für Qualitätsentwicklung in Kindertageseinrichtungen (Hrsg.) (1998): *Qualität im Dialog entwickeln – Wie Kindertageseinrichtungen besser werden*. Seelze: Kallmeyer.

Kubli, F. (2002): *Plädoyer für Erzählungen im Physikunterricht*. Köln: Aulis.

Kuhn, N.; Lankes, E. M.; Steffensky, M. (2012): Vorstellungen von pädagogischen Fachkräften zum Lernen von Naturwissenschaften (S. 183–190). In: Giest, H.; Heran-Dörr, E.; Archie C. (Hrsg.): *Lernen und Lehren im Sachunterricht – Zum Verhältnis von Konstruktion und Instruktion*. Bad Heilbrunn: Klinkhardt.

Laewen, H.-J. (2007): Bildung und Erziehung in Kindertageseinrichtungen (S. 16–102). In: Laewen, H.-J.; Andres, B. (Hrsg.): *Bildung und Erziehung in der frühen Kindheit – Bausteine zum Bildungsauftrag von Kindertageseinrichtungen*. Berlin: Cornelsen

Lange, K. (2010): *Zusammenhänge zwischen naturwissenschaftsbezogenem fachspezifisch-pädagogischem Wissen von Grundschullehrkräften und Fortschritten im Verständnis naturwissenschaftlicher Konzepte bei Grundschülerinnen und -schülern*. Online: https://www.uni-muenster.de/imperia/md/content/wwu/berichte/.../fb11_0910.pdf (21.06. 19/13:00 Uhr).

Lankes, E.-M.; Steffensky, M.; Carstensen, C. (2011): Das didaktische Potenzial von Materialien zum Experimentieren mit Kindern im Vorschulalter (S. 86–99). In: *Zeitschrift für Grundschulforschung – ZfG* (4/1).

Lauer, T. (2014): *Change Management. Grundlagen und Erfolgsfaktoren*. Wiesbaden: Springer.

Ledermann, G. E.; Abd-El-Khalick, F.; Bell, R. L.; Schwartz, R. (2002): Views of Nature of Science Questionnaire: Toward Valid and Meaningful Assessment of Learners' Conceptions of Nature of Science (S. 497–521). In: *Journal of Research in Science Teaching* (36/6).

Ledermann, N. G.; Antkin, A.; Bartos, S. (2014): Nature of Science, Science Inquiery, an Socio-Scientific Issues Arising from Genetics: A Pathway to Developing a Scientifically Literate Citizenery (S. 285–302). In *Science & Education.*

Leisner-Bodenthin, A. (2006): Zur Entwicklung von Modellkompetenz im Physikunterricht (S. 91–109). In: *Zeitschrift für die Didaktik der Naturwissenschaften,* Jahrgang 12.

Leu, H. R. (2011): Einführungsbeitrag: Beobachten, Verstehen, Interpretieren, Diagnostizieren. Zur Kontroverse über eine zentrale Aufgabe frühpädagogischer Fachkräfte (S. 15–36). In: Fröhlich-Gildhoff, K.; Nentwig-Gesemann, I.; Leu, H. R. (Hrsg.): *Forschung in der Frühpädagogik – Schwerpunkt: Beobachten, Verstehen, Interpretieren, Diagnostizieren.* Freiburg: FEL.

Leu, H. R.; Flämig, K.; Frankenstein, Y.; Koch, S.; Pack, I.; Schneider, K.; Schweiger, M. (2012): *Bildungs- und Lerngeschichten.* Weimar: Verlag Das Netz.

Leuchter, M. (2017): *Kinder erkunden die Welt – Frühe naturwissenschaftliche Bildung und Förderung.* Stuttgart: Kohlhammer.

Leuchter, M.; Möller, K. (2014): Frühe naturwissenschaftliche Bildung (S. 671–680). In: Braches-Chyrek, R.; Röhner, C.; Sünker, H.; Hopf, M (Hrsg.): *Handbuch Frühe Kindheit.* Leverkusen: Barbara Budrich.

Liebsch, B. (2011): *Phänomen Organisationales Lernen. Kompendium der Theorien individuellen, sozialen sowie organisationalen Lernens in Netzwerken.* Mering: Hampe.

Liegle, L. (2006): *Bildung und Erziehung in früher Kindheit.* Stuttgart: Kohlhammer.

Lipowsky, F. (2010): *Lernen im Beruf – empirische Befunde zur Wirksamkeit von Lehrerfortbildungen.* Online: https://www.researchgate.net/publication/50809721_Lernen_im_Beruf (21.05.2019/11:00 Uhr).

Lipowsky, F.; Rzejak, D. (2012): Lehrerinnen und Lehrer als Lerner – Wann gelingt der Rollentausch? Merkmale und Wirkungen wirksamer Lehrerfortbildungen (S. 1–17). In: *Reform der Lehrerbildung* (3/5).

Liu, X. (2009): Beyond Science Literacy: Science and the Public (S. 301–311). In: *International Journal of Environmental & Science Education, Special Issue on Scientific Literacy.* (4/3).

Lochner, B. (2017): *Teamarbeit in Kindertageseinrichtungen. Eine ethnographisch-gesprächsanalytische Studie.* Wiesbaden: Springer.

Lück, G. (2018): *Handbuch der naturwissenschaftlichen Bildung – Theorie und Praxis für die Arbeit in Kindertageseinrichtungen.* Freiburg: Herder.

Lück, G. (2013): Förderung naturwissenschaftlicher Bildung (S. 557–572): In: Stamm, M.; Edelmann, D. (Hrsg.): *Handbuch frühkindliche Bildungsforschung.* Berlin: Springer.

Lück, G. (2009): *Handbuch der naturwissenschaftlichen Bildung – Theorie und Praxis für die Arbeit in Kindertageseinrichtungen.* Freiburg: Herder.

Lück, G. (2007): *Forschen mit Fred – Naturwissenschaften im Kindergarten.* Oberursel: Finken.

Lück, G. (2005): *Neue leichte Experimente für Eltern und Kinder.* Freiburg: Herder.

Luhmann, N. (1996): Der „Radikale Konstruktivismus" als Theorie der Massenmedien? Bemerkungen zu einer irreführenden Debatte (S. 7–12). In: *Communicatio Socialis,* Nr. 27.

Luhmann, M.; Schorr, K. E. (1982): *Zwischen Technologie und Selbstreferenz. Fragen an die Pädagogik.* Frankfurt am Main: Suhrkamp Verlag.

Marek, E. A.; Cavallo, A. M. L. (1997): *The Learning Cycle – Elementary School Science and Beyond.* Portsmouth: Heinemann.

Marquadt-Mau, B. (2015): Lehren und Lernen in Projekten (S. 419–429): In: Kahlert, J.; Fölling-Albers, M.; Götz, M.; Hartinger, A.; Miller, M. S.; Wittkowske, S. (Hrsg.): *Handbuch Didaktik des Sachunterrichts.* Bad Heilbrunn: Klinkhardt.

Matlachowsky, P. (2008): *Implementierungsstand der Balanced Scorecard.* Wiesbaden: Gabler.

Mayr, T.; Bauer, C. (2014): *KOMPIK – Eine Einführung. Begleitendes Handbuch für pädagogische Fachkräfte.* Online: http://www.kompik.de/uploads/tx_jpdownloads/141002_KOMPIK_Handbuch_2014.pdf (08. 07. 16/11:30 Uhr).

McComas, W. (1998): The principal Elements of the Nature of Science: Dispelling the Myths (S. 53–70). In: ebd. (Hrsg.): *The Nature of Science in science Education, Rationales and Strategies.* Amsterdamm: Kluwer Academics Publishers.

McComas, W. F.; Clough, M. P.; Almazroa, H. (2002): The Role And Chracter of The Nature of Science in Science Education (S. 3–40). In: McComas, W. F. (Hrsg.): *The Nature of Science in Science Education – Rationales an Strategies.* New York: Kluwer.

McQuid, R. W.; Lindsay, C. (2005): The Concept of Empoyability (S. 197–219). In: *Urban Studies* (42/2).

Meade, A.; Wiliamson, J.; Stuart, M.; Sumorti, S.; Robinson, L.; Caroll-Lind, J. (2013): Adult-child sustained shared thinking (S. 7–15). In: *Early Education* (53).

Merchel, J. (2006): Qualitätsmanagement in der sozialen Arbeit. Erfahrungen zur Verbreitung und Umsetzung des Themas Qualität (S. 195–208). In *Der pädagogische Blick* 14(4).

Merchel, J. (2001): *Sozialmanagement.* Münster: Votum.

Metzer, M. (2014): *Eine Videostudie zur Entwicklung, Anwendung und Validierung eines Beobachtungsinstrumentes für die Erfassung und Beschreibung der Handlungskompetenz von Erzieher/innenin Kontexten früher naturwissenschaftlicher Bildung.* Online: https://www.fachportal-paedagogik.de/literatur/vollanzeige.html?FId=1066823#vollanzeige (21. 05. 2019/ 10:00 Uhr).

Michaels, S.; Shouse, A. A.; Schweingruber, H. A. (2008): *Ready, Set, Science! Putting Research to Work in K-8 Science Classrooms.* Washington: The National Academies Press.

Michalik, K. (2010): Didaktische Konzepte für die naturwissenschaftliche Grundbildung von Kindern im Elementarbereich (S. 93–107). In: Fischer, H.-J.; Gansen, P.; Michalik, K. (Hrsg.): *Sachunterricht und frühe Bildung.* Bad Heilbrunn: Klinkhardt.

Mikelskis, H. F. (Hrsg.) (2010): *Physikdidaktik – Praxishandbuch für die Sekundarstufe I und II.* Berlin: Cornelson Scriptor

Mikelskis-Seifert, S. (2010): Im Physikunterricht modellieren (S. 120–138). In: Mikelskis, H. F. (Hrsg.): *Physikdidaktik – Praxishandbuch für die Sekundarstufe I und II.* Berlin: Cornelson.

Möller, C. (2001): Genetisches Lehren und Lernen – Facetten eines Begriffes (S. 15–30). In: Cech, D.; Feige, B.; Kahlert, J.; Löffler, G.; Schreier, H.; Schwier, H.-J.; Stoltenberg, U. (Hrsg.): *Die Aktualität der Pädagogik Martin Wagenscheins für den Sachunterricht.* Badheilbrunn: Klinkhardt.

Möller, K. (2009): Was lernen Kinder über Naturwissenschaften im Elementar- und Primarbereich? – Einige kritische Bemerkungen (S. 165–172). In: Lauterbach, R.; Giest, H.; Marquadt-Mau, B.; (Hrsg.): *Lernen und kindliche Entwicklung. Elementarbildung im Sachunterricht.* Bad Heilbrunn: Klinkhardt.

Möller, K.; Jonen, A.; Hardy, I.; Stern, E. (2002): Die Förderung von naturwissenschaftlichem Verständnis von Grundschulkindern durch Strukturierung der Lernumgebung (S. 176–191). In: Prenzel, M; Doll, J. (Hrsg.): *Bildungsqualität von Schule: Schulische und außerschulische Bedingungen mathematischer, naturwissenschaftlicher und überfachlicher Kompetenzen.* Weinheim: Beltz.

Muckenfuß, H. (1995): *Lernen in sinnstiftenden Kontexten – Entwurf einer zeitgemäßen Didaktik des Physikunterrichts.* Berlin: Cornelsen.

Müller, G.; Zipperle, M. (2011): Bildungs- und Lerngeschichten in der Praxis. In: Fröhlich-Gildhoff, K.; Nentwig-Gesemann, I.; Leu, H. R. (Hrsg.), *Forschung in der Frühpädagogik IV – Schwerpunkt: Beobachten, Verstehen, Interpretieren, Diagnostizieren* (S. 121–150). Freiburg im Breisgau: FEL, Verlag Forschung, Entwicklung, Lehre.

Murmann, L.; Krumbacher, C. (2007): Mit Kindern experimentieren (S. 292–294). In: Höttecke, D. (Hrsg.): *Naturwissenschaftlicher Unterricht im internationalen Vergleich*. Berlin: LIT.

Nadelson, L. S.; Heddy, B. C.; Jones, S.; Taasoobshirazi, G.; Johnson, M. (2018): Conceptual Change in Science Teaching and Learning: Introducing the Dynamic Model of Conceptual Change (S. 151–195). In: *International Journal of Educational Psychology* (7/2).

National Research Council (2012): *A Framework For K-12 Science Education. Practice, Crosscutting Concepts, and Core Ideas*. Washington: The National Academic Press.

Nentwig-Gesemann, I. (2007): Forschende Haltung. Professionelle Schlüsselkompetenz von FrühpädagogInnen (S. 20–22). In: *Sozial Extra* (5/6).

Nentwig-Gesemann, I.; Nicolai, K.; Köhler, L (2016): *KiTa-Leitung als Schlüsselposition. Erfahrungen und Orientierungen von Leitungskräften in Kindertageseinrichtungen.*

Nerdinger, F. W. (2011): Organisationsentwicklung. In: Nerdinger, F. W.; Blickle, G.; Schaper, N. (Hrsg.), *Arbeits- und Organisationspsychologie* (S. 149–158). Berlin: Springer.

Neuß, N. (2013): Was ist Elementardidaktik? – Grundlegendes zum Lernen und seiner Organisation in Kitas (S. 12–30). In: Neuß, N. (Hrsg.), *Grundwissen Didaktik für Kindergarten und Krippe*. Berlin: Cornelsen.

Nittel, D. (2004): Die ‚Veralltäglichung' pädagogischen Wissens – im Horizont von Profession, Professionalisierung und Professionalität (S. 342–357). In: *Zeitschrift für Pädagogik* (50/3).

Öhding, N. (2008): *Interaktive Experimentierstationen im Elementarbereich – Eine kategoriengeleitete Videostudie zur Analyse des Lern- und Arbeitsverhaltens von Kindergartenkindern im Vorschulalter an interaktiven Experimentierstationen*. Hamburg: Dr. Kovac.

Orsenne, J. (2015): *Aktivierung von Schülervorstellungen zu Modellen durch praktische Tätigkeiten der Modellbildung*. Online: https://edoc.hu-berlin.de/handle/18452/18164 (21.05.2019/11:00 Uhr).

Pareigis, J. (2011): *Anleitung zum Forschersein – Naturwissenschaft und Weltwissen für Kinder und Erwachsene*. Weimar: Verlag das Netz.

Pasternack, P. (2004). *Qualitätsorientierung an Hochschulen. Verfahren und Instrumente*. Online: http://www.hof.uni-halle.de/dateien/ab_5_2004.pdf (08.01.2015/10:00 Uhr).

Pech, D. (2006): Damit das Ich nicht verloren geht. Biographie und Autobiographie im Kontext des Sachunterrichts. In: www.widerstreit-sachunterricht.de (7).

Pfeiffer, S. (2012): *Lernwerkstätten und Projekte in der Kita*. Göttingen: Vandenhoeck & Ruprecht.

Piderit, S. K. (2000): Rethinking Resistance and Recognizing Ambivalence: A Multidimensional View of Attitudes Toward Organizational Change (S. 418–437). In: Burke, W. W.; Lake, D. G.; Paine, J. W. (Hrsg.), *Organization Change – A Comprehensive Reader*. San Francisco: Jossey-Bass.

Popper, K. (1969): *Logik der Forschung*. Tübingen: Mohr.

Preissing, C.; Heller, E. (2009) (Hrsg.): *Qualität im Situationsansatz*. Berlin: Cornelsen Scriptor.

Probst, G. J. B.; Tüchel, B. S. T. (1998): *Organisationales Lernen – Wettbewerbsvorteil der Zukunft*. Wiesbaden: Springer Fachmedien.

Purdon, A. (2014): Sustained Shared Thinking in early Childhood setting: an exploration of practitoners perspectives (S. 1–19). In: *Education* (13/3).

Ramseger, J. (2010): *Was heißt „naturwissenschaftliche Bildung" im Kindesalter? Eine kritisch-konstruktive Sichtung von Naturwissenschaftsangeboten für den Elementar- und Primarbereich.* Online: https://www.kmk.org/fileadmin/Dateien/pdf/Bildung/AllgBildung/Fachtagung_MINT_2010/009_Vortrag_Prof_Ramseger.pdf (21.05.2019/16:00 Uhr).

Rauschenbach, T. (2004): Bildung für alle Kinder. In: Wehrmann, I. (Hrsg.), *Kindergärten und ihre Zukunft* (S. 111–122). Weinheim: Beltz.

Rauschenbach, T.; Schilling, M.; Meiner-Teubner, C. (2017): *Plätze. Personal. Finanzen – der Kita-Ausbau geht weiter. Zukunftsszenarien zur Kindertages- und Grundschulbetreuung in Deutschland.* Online: http://www.forschungsverbund.tudortmund.de/fileadmin/Files/Aktuelles/Publikationen/Rauschenbach_Schilling_Meiner-Teubner_Plaetze._Personal._Finanzen.pdf (13.01.2018/12:00 Uhr).

Reinhardt, U. (2005): *Edutainment – Bildung macht Spass.* Berlin: LIT.

Rieckmann, M. (2016): Bildung für nachhaltige Entwicklung – Konzeptionelle Grundlagen und Stand der Implementierung (S. 11–32). In: Schweer, M.K.W. (Hrsg.): *Bildung für nachhaltige Entwicklung in pädagogischen Handlungsfeldern – Grundlagen, Verankerung und Methodik in ausgewählten Lehr-Lern-Kontexten.* Frankfurt am Main: Peter Lang.

Rieß, W.; Robin, N. (2012): Befunde aus der empirischen Forschung zum Experimentieren im mathematisch-naturwissenschaftlichen Unterricht (S. 129–152). In: Rieß, W.; Wirtz, M.; Barzel, B.; Roberts, D.A.; Bybee, R.W. (2014): *Scientific Literacy, Science Literacy and Science Education* (S. 545–558). In: Ledermann, N.G.; Abell, S.A.: *Handbook of Research on Science Education,* Volume II. New York: Routledge.

Roth, W.-M.; Barton, A.C. (2004): *Rethinking Scientific Literacy.* New York: Routledge.

Rost, J.; Prenzel, M.; Carstensen, C.H.; Senkbeil, M.; Groß, K. (2004): *Naturwissenschaftliche Bildung in Deutschland – Methoden und Ergebnisse von PISA 2000.* Wiesbaden: VS-Verlag.

Ruppin, I.; Prigge, J.; Pages, S.; Adam, A. (2015): Professionalisierung der pädagogischen Fachkräfte in Kindertagesstätten durch Beobachtung und Dokumentation. Möglichkeiten und Grenzen von Fort- und Weiterbildungen (S. 140–162). In: Ruppin, I. (Hrsg.): *Professionalisierung in Kindertagestätten.* Weinheim und Basel: Beltz.

Samarpapungavan, A.; Mantzicopoulos, P.; Patrick, H. (2008): *Learning Science Through Inquiry in Kindergarten.* Online: www.interscience.wiley.com (13.12.2011/14:00 Uhr).

Sauer, F. (2005): *Der Einfluss offener Experimentierstationen auf das naturwissenschaftliche Lernen im Primarbereich.* Tönning: Der Andere Verlag.

Schäfer, G.E. (2011). *Was ist frühkindliche Bildung?* Weinheim und München: Juventa.

Schäfer, G.E. (2009): Prinzipien und didaktische Elemente (S. 21–22). In: Schäfer, G.E.; Alemzadeh, M.; Eden, H.; Rosenfelder, D. (Hrsg.): *Natur als Werkstatt.* Weimar: Verlag das Netz.

Schaper-Rinkel, P.; Giesecke, S.; Bieber, D. (2002): *Science-Center. Studie im Auftrag des BMBF.* Teltow. Online: http://schaper-rinkel.eu/projekt/science-center-studie-im-auftrag-des-bmbf-2001/00779/ (27.09.12/14:00).

Schein, E.H. (2004): *Organizational culture and leadership.* San Francisco: Jossey-Bass.

Schelle, R. (2011): *Die Bedeutung der Fachkraft im frühkindlichen Bildungsprozess – Didaktik im Elementarbereich.* WiFF Expertisen, Band 18. München.

Schiepe-Tiska, A.; Schöps, K.; Rönnebek, S.; Köller, O.; Prenzel, M. (2013): Naturwissenschaftliche Kompetenz in PISA 2012: Ergebnisse und Herausforderungen (S. 189–216). In: Prenzel, M.; Sälzer, C.; Klieme, E.; Köller, O (Hrsg.): *PISA 2012 – Fortschritte und Herausforderungen.* Münster: Waxmann.

Schiersmann, C.; Thiel, H.-V. (2014): *Organisationsentwicklung – Prinzipien und Strategien von Veränderungsprozessen.* Berlin: Springer.

Schlag, B. (2009): *Naturwissenschaftliche Forscherecken im Kindergarten einrichten und nutzen.* Berlin: Cornelsen.

Schlee, J. (2012): *Kollegiale Beratung und Supervision für pädagogische Berufe – Hilfe zur Selbsthilfe – Ein Arbeitsbuch.* Stuttgart: Kohlhammer.

Schlichting, H. (1996): *Freihandversuche. Probleme und Möglichkeiten experimenteller Minimalversuche.* Online: http://hjschlichting.wordpress.com/category/physikalisches-spielzeug-freihandversuche/ (03.08.12/13:00 Uhr).

Schließmann, F. (2005): Wie arbeiten Kinder an interaktiven Experimentier-Stationen? Eine kategoriengeleitete Untersuchung der Vorgehensweise an der Station „Begehbare Brücke". In: Fiesser, L.; Philippi, M.; Schließmann, F.: *Versuch macht klug – Vorschulische Begegnungen mit Naturwissenschaft und Technik – Evaluationsbericht.* Flensburg: unveröffentlicht.

Schließmann, F.; Clausen, S.; Öhding, N. (2014): *Handbuch für Kindertagesseinrichtungen in Schleswig-Holstein „Versuch macht klug".* Kiel: Ministerium für Soziales, Gesundheit, Familie und Gleichstellung des Landes Schleswig-Holstein.

Schmitt, R.; Pfeifer, T. (2015): *Qualitätsmanagement: Strategien – Methoden, Techniken.* München: Hanser.

Schneider, I.K.; Oberländer, F. (2012): *Entdeckungsreisen in die Welt – Sachinformationen, naturwissenschaftliche Aktivitäten, Planungsvorlagen und Gestaltungsideen für das Lernen im Elementar- und Primarbereich.* Hohengehren: Schneider Verlag

Schulz, A. (Hrsg.): *Experimentieren im mathematisch naturwissenschaftlichen Unterricht – Schüler lernen wissenschaftlich denken und arbeiten.* Münster: Waxmann.

Schulz, A.; Wirtz, M.; Starauscheck, E. (2012): Das Experiment in den Naturwissenschaften (S. 15–56). In: Rieß, W.; Wirtz, M.; Barzel, B: Schulz, A. (Hrsg.): *Experimentieren im mathematisch naturwissenschaftlichen Unterricht – Schüler lernen wissenschaftlich denken und arbeiten.* Münster: Waxmann.

Schumacher, C.; Boller, S. (2013): Zeigen und Entdecken im offenen Unterricht. Evaluation eines Pilotseminars zur Einführung Lehramtsstudierender in den Projektunterricht (S. 92–110). In: *Lehrerbildung auf dem Prüfstand* (6).

Seel, N.M.; Hanke, U. (2015): *Erziehungswissenschaft für Bachelor-, Master- und Lehramtsstudierende.* Berlin: Springer.

Shamos, M.H. (2002): Durch Prozesse ein Bewusstsein für die Naturwissenschaften entwickeln (S. 45–68). In: Gräber, W.; Nentwig, P.; Koballa, T.; Evans, R. (Hrsg.): *Scientific Literacy – Der Beitrag der Naturwissenschaften zur allgemeinen Bildung.* Opladen: Leske + Budrich.

Siebert, H. (2010): *Methoden der Bildungsarbeit – Leitfaden für aktivierendes Lernen.* Bielefeld: Bertelsmann Verlag.

Simon, F.B. (2006): *Einführung in die Systemtheorie und Konstruktivismus.* Heidelberg: Carl-Auer.

Sinhart-Pallin, D.; Ralla, M. (2014): *Handbuch zum Philosophieren mit Kindern – Kindergarten, Grundschule, freie Träger.* Hohengehren: Schneider.

Siraj-Blatchford, I. (2009): *Conceptualising progression in the pedagogy of play and sustained shared thinking in early childhood education: a Vygotskian perspective.* Online: https://ro.uow.edu.au/cgi/viewcontent.cgi?referer=https://www.google.com/&httpsredir=1&article=2223&context=sspapers (21.05.2019/10:00 Uhr).

Siraj-Blatchford, I.; Sylva, K.; Muttock, S.; Gilden, R.; Bell, D. (2002): *Researching Effective Pedagogy in the Early Years.* Online: dera.ioe.ac.uk/4650/1/RR356.pdf (08.11.12/13:00 Uhr).

Sodian, B.; Zaitchik, D.; Carey, S. (1991): Young Children's Differentiation of Hypothetical Beliefs from Evidence (S. 753–766). In: *Child Development* (62/4).

Sommer, S. (2010): *Interessengenese durch Interaktion – Das Interventionsprojekt Miniphänomenta in quasiexperimenteller Langzeitevaluation.* Online: http://www.fachportal-paedagogik.de/literatur/vollanzeige.html?FId=1010786#vollanzeige (21.05.2019/11:00 Uhr).

Spieß, C. A.; Westermaier, F. G. (2016): Berufsgruppe „Erzieherin“: Zufrieden mit der Arbeit, aber nicht mit der Entlohnung (S. 1023–1034). In: *DIW Wochenbericht,* Nr. 43.

Spreckelsen, K. (2006): *Das U-Boot in der Limoflasche.* Tübingen: Fischer. Online verfügbar: http://www.fischerverlage.de/sixcms/media.php/690/Spreckelsen%20Limoflasche.410844.pdf (27.04.2013/10:00 Uhr).

Spreckelsen, K. (1997): Phänomenkreise als Verstehenshilfe (S. 111–127). In: Marquardt-Mau, B.; Köhnlein, W.; Lauterbach, R. (Hrsg.): *Forschung zum Sachunterricht.* Bad Heilbrunn: Klinkhardt.

Steffensky, M. (2017): *Naturwissenschaftliche Bildung in Kindertageseinrichtungen. Weiterbildungsinitiative Frühpädagogische Fachkräfte,* WiFF Expertisen, Band 48. München.

Steffensky, M.; Lankes, E. M.; Carstensen, C. H. (2012): Was bedeutet naturwissenschaftliche Kompetenz bei Fünfjährigen und wie kann man sie erfassen? (S. 107–119). In: M. Gläser-Zikuda, T.; Seidel, C.; Rohlfs, A.; Gröschner S.; Ziegelbauer (Hrsg.): *Mixed Methods in der empirischen Bildungsforschung.* Münster: Waxmann.

Steffensky, M.; Lankes, E.-M.; Carstensen, C. H.; Nölke, C. (2012): Alltagssituationen und Experimente: Was sind geeignete naturwissenschaftliche Lerngelegenheiten für Kindergartenkinder? Ergebnisse aus dem SNaKE-Projekt (S. 37–54). In: *Zeitschrift für Erziehungswissenschaft* (15/1).

Steudel, A. (2011): Durch Beobachtung Bildungsprozesse verstehen lernen? Überlegungen zur Anthropologie des erwachsenen Wahrnehmens (S. 144–154). In Cloos, P.; Schulz, M. (Hrsg.): *Kindliches Tun beobachten und dokumentieren – Perspektiven auf die Bildungsbegleitung in Kindertageseinrichtungen.* Weinheim und München: Juventa.

Stieve, C. (2013): Anfänge der Bildung – Bildungstheoretische Grundlagen der Pädagogik der frühen Kindheit. In Stamm, M.; Edelmann, D. (Hrsg.), *Handbuch frühkindliche Bildungsforschung* (S. 51–70). Berlin: Springer.

Strohmer, J.; Mischo, C.; Hendler, J.; Wahl, S. (2012): AVE – Ausbildung und Verlauf von Erzieherinnen-Merkmalen (S. 225–235). In Kägi, S. U. (Hrsg.), *Forschung in Feldern der Frühpädagogik – Grundlagen-, Professionalisierungs- und Evaluationsforschung.* Baltmannsweiler: Schneider Verlag.

Sturzenhecker, B.; Knauer, R.; Dollase, R. (2013): *Evaluation der Bildungsleitlinien in Schleswig-Holstein – Endbericht.* Online: https://www.partizipation-und-bildung.de//wpcontent/uploads/2013/08/Evaluation_Bildungsleitlinien.pdf (24.11.2014, 14:00 Uhr).

Thesmann, U. (2007): Entdecken und Forschen im Kindergarten (S. 28–33). In: *Grundschulunterricht* (10).

Thole, W. (2010): Die pädagogischen MitarbeiterInnen in Kindertageseinrichtungen. Professionalität und Professionalisierung eines pädagogischen Arbeitsfeldes (S. 206–222). In: *Zeitschrift für Pädagogik* (56/2).

Thomas, B. (2018): *Der Sachunterricht und seine Konzeption – historische und aktuelle Entwicklungen.* Bad Heilbrunn: Klinkhardt.

Thomas, B. (2015): Vielperspektivischer Sachunterricht (S. 249–256). In: Kahlert, J.; Fölling-Albers, M.; Götz, M.; Hartinger, A.; Miller, M. S.; Wittkowske, S. (Hrsg.): *Handbuch Didaktik des Sachunterrichts.* Bad Heilbrunn: Klinkhardt.

Thome, M. (2015): „Bildung“ – was ist das? (S. 15–26) In: *Coicidentia: Zeitschrift der Kueser Akademie für Europäische Geistesgeschichte,* Beiheft 5. Bernkastel-Kues: Aschendorff.

Thommen, J.-P.; Achleitner, A.-K.; Gilbert, D. U.; Hachmeister, D.; Kaiser, G. (2017): *Allgemeine Betriebswirtschaftslehre – Umfassende Einführung aus managementorientierter Sicht.* Berlin: Springer.

Tietze, W.; Becker-Stoll, F.; Bensel, J.; Eckhardt, A G.; Haug-Schnabel, G.; Kalicki, H.; Leyendecker, B. (2013): *NUBBEK. Nationale Untersuchung zur Bildung, Betreuung und Erziehung in der frühen Kindheit.* Weimar: Verlag das Netz.

Tietze, W.; Förster, C. (2005): Allgemeines pädagogisches Gütesiegel für Kindertageseinrichtungen (S. 31–66). In: Diller, A.; Rauschenbach, T.; Leu, H. R. (Hrsg.), *Der Streit ums Gütesiegel. Qualitätskonzepte für Kindertageseinrichtungen.* Wiesbaden: VS-Verlag.

Tietze, W.; Meischner, T.; Gänsfuß, R.; Grenner, K.; Schuster, K.-M.; Völkel, P.; Roßbach, H.-G. (1998): *Wie gut sind unsere Kindergärten? Untersuchungen zur pädagogischen Qualität in Kindertagesstätten.* Weinheim: Beltz.

Tietze, W.; Schuster, K. M.; Grenner, K.; Roßbach, H.-G. (2005): *Kindergarten-Skala (KES-R) – Feststellung und Unterstützung pädagogischer Qualität in Kindergärten.* Weinheim: Beltz

Tietze, W.; Viernickel, S. (2007) (Hrsg.): *Pädagogische Qualität in Tageseinrichtungen für Kinder: Ein nationaler Kriterienkatalog.* Berlin: Cornelson.

Traub, S. (2012): *Projektarbeit erfolgreich gestalten.* Bad Heilbrunn: Klinkhardt.

Traub, S. (2011): Selbstgesteuert Lernen im Projekt? Anspruch an den Projektunterricht und dessen Bewertung aus der Sicht von Lehrenden und Lernenden (S. 93–113). In: *Zeitschrift für Pädagogik* (57).

Traub, S. (2003): *Das Museum als Lernort für Schulklassen – Eine Bestandsaufnahme aus der Sicht von Museen und Schulen mit praxiserprobten Beispielen erfolgreicher Zusammenarbeit.* Hamburg: Dr. Kovac.

Trice, H. M.; Beyer, J. M. (1993): *The cultures of work organizations.* Englewood Cliffs, N.J: Prentice Hall.

Ulber, D. (2017): Qualitätsmanagement (S. 41–54). In: Strehmel, P.; Ulber, D. (Hrsg.), *Kitas leiten und entwickeln – Ein Lehrbuch zum Kita-Management.* Stuttgart: Kohlhammer.

Viernickel, S.; Voss, A.; Mauz, E. (2017): *Arbeitsplatz Kita. Belastungen erkennen, Gesundheit fördern.* Weinheim: Beltz.

Von Bülow, K. (2011): *Anschlussfähigkeit von Kindergarten und Grundschule.* Bad Heilbrunn: Klinkhardt.

Von der Beek, A.; Schäfer, G. E.; Steudel, A. (2006): *Bildung im Elementarbereich – Wirklichkeit und Phantasie.* Weimar: Verlag das Netz.

Von Hentig, H. (2010): Einführung (S. 7–22). In: Wagenschein, M.: *Verstehen lehren.* Weinheim: Beltz.

Wagenschein, M. (2010 A): *Kinder auf dem Weg zur Physik.* Weinheim: Beltz.

Wagenschein, M. (2010 B): *Verstehen lehren.* Weinheim: Beltz.

Wagenschein, M. (1980): Rettet die Phänomene (S. 242–268). In: Fiesser, L. (2000): *Raum für Zeit – Quellentexte zur Pädagogik der interaktiven Science-Zentren.* Flensburg: Eigenverlag.

Wagner, K. (2016): *Unterstützende und hemmende Faktoren für den Einsatz mobiler Lernarrangements.* Online: https://hsbwgt.bsz-bw.de/frontdoor/index/index/docId/189 (21.05.2019/10:00 Uhr).

Waldmann, M. R. (2017): Kategorisierung und Wissenserwerb (S. 357–400). In: Müsseler, J.; Rieger, M. (Hrsg.): *Allgemeine Psychologie.* Berlin: Springer.

Werther, S., Jacobs, C. (2014): *Organisationsentwicklung – Freude am Change.* Berlin: Springer.

Wiesener, H.; Schecker, H.; Hopf, M. (Hrsg.) (2010): *Physikdidaktik kompakt.* Köln: Aulis.

Wiltsche, H. A. (2013): *Einführung in die Wissenschaftstheorie.* Göttingen: Vandenhoeck & Ruprecht.

Windt, A. (2011): *Naturwissenschaftliches Experimentieren im Elementarbereich - Evaluation verscheidender Lernsituationen.* Berlin: Logos.

Windt, A. (2010): *Naturwissenschaftliches Experimentieren im Elementarbereich - Evaluation verschiedener Lernsituationen.* Online: https://duepublico.uni-duisburg-essen.de/servlets/DerivateServlet/Derivate-38091/Windt_Naturwissenschaftliches_Experimentieren_im_Elementarbereich.pdf (21.05.2019/16:00 Uhr).

Winkelmann, J.; Erb, R. (2012): *Schüler und Lehrerexperimente im Optikunterricht an Gymnasien.* Online: http://phydid.physik.fu-berlin.de/index.php/phydid-b/article/viewFile/343/460 (28.05.2019/11:00 Uhr).

Worth, K.; Grollman, S. (2003): *Worms, Shadows and Whirlpools - Science in Early Childhood Classroom.* Portsmouth: Heinemann.

Wößmann, L. (2009): Bildungssystem, Pisa-Leistungen und volkswirtschaftliches Wachstum (S. 23–28). In: *Ifo Schnelldienst* (62/10).

Zaslow, M.; Martinez-Beck, I.; Tout, K.; Halle, T. (2011) (Hrsg.): *Quality Management in early Childhood Settings.* Baltimore: Paul H. Brooks Publishing.

Zimmer, J. (2007): *Das kleine Handbuch zum Situationsansatz.* Berlin: Cornelsen Scriptor.

Zimmer, J. (2000): Der Situationsansatz in der Diskussion und Weiterentwicklung (S. 94–114). In: Fthenakis, W.E.; Textor, M.R. (Hrsg.), *Pädagogische Ansätze im Kindergarten.* Weinheim: Beltz.

Zimmermann, M. (2011): *Naturwissenschaftliche Bildung im Kindergarten - Eine integrative Längsschnittstudie zur Kompetenzentwicklung von Erzieherinnen.* Berlin: Logos.

Zimmermann, M.; Welzel, M. (2007): Kompetenzentwicklung von Erzieherinnen im Rahmen eines Fortbildungs- und Coachingkonzeptes (S. 254–256). In: Höttecke, D. (Hrsg.): *Naturwissenschaftlicher Unterricht im internationalen Vergleich.* Berlin: LIT.

Zinth, C.P. (2010): Organisationales Lernen als Lernweg des Subjekts (S. 65–74). In: *REPORT - Zeitschrift für Weiterbildungsforschung* (33/2).

Zwiorek, S. (2010): Schülerexperimente in der Praxis (S. 176–182). In: Mikelskis, H.F. (Hrsg.): *Physikdidaktik - Praxishandbuch für die Sekundarstufe I und II.* Berlin: Cornelsen Scriptor.

Gesetzestexte und -entwürfe

Achtes Buch Sozialgesetzbuch Kinder- und Jugendhilfe (KJHG), in der Fassung vom 14. Dezember 2006, zuletzt geändert durch Artikel 3a des Gesetzes vom 24. März 2011.

Gesetz zum qualitativen und bedarfsgerechten Ausbau der Tagesbetreuung für Kinder (Tagesausbaubetreuungsgesetz - TAG), in der Fassung vom 27.12.2004.

KiTa-Qualitäts- und -Teilhabeverbesserungsgesetz - (KiQuTG), Online: http://dipbt.bundestag.de/dip21/btd/19/050/1905061.pdf (28.05.2019/11:00 Uhr).

„Versuch macht Klug“ ist ein Verbundprojekt folgender Partnerinnen und Partner: